inführunggehen.com

Ein Praxis-Handbuch
für Führungskräfte in Kliniken
mit Geschichten aus dem Leben
einer Führungskraft

ld Schmid

Originalausgabe:
Berthold Schmid
inführunggehen.com
– alles was man braucht, um in Führung zu gehen –
1. Auflage
© Copyright 2011
Das Werk, einschließlich aller seiner Teile, ist urheberrechtlich geschützt.

ISBN: 978-3-8448-0920-6

Lektorat: Volker Hermanspann, München
Satz und Layout: Johannes Wächter, Wien
Fotos: Barbara Andres – artphotostyle, München
Cover: Die Trabanten, München
Herstellung und Verlag: Books on Demand GmbH, Norderstedt

Alles, was man braucht,
um in Führung zu gehen

32 Geschichten

Mit den Kurzgeschichten und Anekdoten am Beginn eines jeden Kapitels möchte ich Sie unterhalten, zum Schmunzeln anregen und zur Beschäftigung mit dem jeweiligen Führungsinstrument hinführen. Die Hauptperson, Herr Wieslhuber, wird Ihnen mit all seinen Schwächen und Talenten nach kurzer Zeit sehr vertraut sein. Sie werden ihn mögen. Vielleicht erkennen Sie sich auch selbst in einigen seiner Macken und Neigungen wieder. Das wäre allerdings nicht das Schlechteste. Führungskräfte sind selten perfekt. Sie sind auf der Suche nach guten Lösungen unter guten Einstellungen und nehmen dabei auch kleine Niederlagen in Kauf - immer mit dem Wunsch, daraus zu lernen. Gerne bitte ich um Zusendung von weiteren Geschichten, die zu den dargestellten passen. Nutzen Sie bitte meine Mailadresse.

12 Personen

Verschiedene Personen ergänzen die Geschichten aus der Praxis. Die jeweiligen Charaktere kommen in den besten Kliniken vor und bereiten den verantwortlichen Führungskräften oft Spaß und Ärger zugleich. Sämtliche Personen und alle genannten Namen sind frei erfunden. Etwaige Ähnlichkeiten mit lebenden und in bekannten Kliniken tätigen Personen sind jedoch durchaus erwünscht. In dem einen oder anderen Fall musste ich sogar sehr darauf achten, dass die von mir erfundenen nicht zu sehr realen Personen gleichen.

32 Photos

Alle Fotos entstanden im Gebäude der Klinik Höhenried am Starnberger See. Die abgebildeten Personen sind Herr Dr. Christian Breu als Darsteller des Protagonisten Herrn Wieslhuber, Lea Teichmann und Sonja James als Darsteller seiner engeren Mitarbeiter sowie weitere Personen, die sich freundlicherweise spontan für die Aufnahmen zur Verfügung stellten und ungenannt bleiben möchten.

Die Bedienungsanleitung

32 Führungsinstrumente

Mit kurzen Erklärungen und übersichtlichen Darstellungen werden ausgewählte Führungsinstrumente vorgestellt und so beschrieben, dass sie die Funktion eines Kurzratgebers für angehende Führungskräfte übernehmen können. Sie sind zur Einstimmung auf zukünftige Führungsaufgaben und zur Reflexion eigenen Führungsverhaltens geeignet. Zur intensiveren Beschäftigung mit diesen Führungsaufgaben sind weitere Studien und auch die Teilnahme an einem Führungskräftetraining sinnvoll. Als Ausgangsidee diente ein Kochbuch, das einer Reise durch Italien folgt und Kurzbeschreibungen regionaltypischer Gerichte anbietet.

16 Erfindungen

Diese als Erfindungen bezeichneten Innovationen sind manchen erfahrenen Führungskräften sicher nicht unbekannt; oft es ist nur die Variante oder der Kontext der Verwendung. Solche Führungsinnovationen haben in der Regel eine begeisternde Wirkung und dürfen nach kurzer Zeit der Anwendung auch gerne wieder eingestellt werden. Für alle Führungskräfte gilt: „Bringen sie Abwechslung in den Alltag". **Erfindungen** sind im Text, wie hier gezeigt, markiert und am Ende des Buches noch einmal zusammengefasst.

74 Zitate

Im Laufe der Jahre wurde meine Zitatensammlung zu den verschiedenen Führungsthemen immer umfangreicher. Ein Teil davon konnte hier verwendet werden. Die Quellen sind mir nicht immer bekannt. Gerne übernehme ich in einer zweiten Auflage mir zugesandte Anregungen und Ergänzungen. Sollte das ein der andere nicht ganz korrekt zitiert sein, bitte ich um Nachsicht. Genießen Sie die Wirkung im jeweiligen Zusammenhang.

01 Anerkennung aussprechen	02 Arbeitsaufwand ermitteln	03 Besprechungen leiten	04 Bewerber auswählen
09 Informationen steuern	10 Konflikte meistern	11 Kritik äußern	12 Leistungen bewerten
17 Jahresgespräche führen	18 Mitarbeiter motivieren	19 Personal entwickeln	20 Pläne entwerfen
25 Spionage ermöglichen	26 Schnittstellen überwinden	27 Statistiken erstellen	28 Teams entwickeln

Die Instrumente

| 05 Entscheidungen treffen | 06 Fragen stellen | 07 Fortbildungen gestalten | 08 Gruppen moderieren |

| 13 Menschen überzeugen | 14 Mitarbeiter befragen | 15 Mitarbeiter beurteilen | 16 Einarbeitung organisieren |

| 21 Präsentationen kreieren | 22 Projekte durchführen | 23 Prozesse optimieren | 24 Qualität sichern |

| 29 Verantwortung übertragen | 30 Veränderungen gestalten | 31 Ziele vereinbaren | 32 Zeit nehmen |

1
Herr Wieslhuber,
Geschäftsführer, jung und dynamisch, beginnt, eine Klinik durcheinander zu wirbeln, und ist dabei manchmal auch erfolgreich

2
Gisela Schwarz,
Sekretärin der Geschäftsleitung, arbeitet seit 18 Jahren im Haus und kennt Netzwerke und Seilschaften, sehr nützlich für Herrn Wieslhuber

3
Andrea Wolf,
Assistentin der Geschäftsleitung, ihre erste Stelle nach dem Studium, weiß viel und kümmert sich gerne um Herrn Wieslhubers Belange

4
Dr. Oskar Schwarzmüller,
Chefarzt der Chirurgie, bei Patienten und Mitarbeitern gleichermaßen beliebt, nach fünf Jahren mittlerweile mit dem Haus sehr verbunden

5
Ingeborg Lange,
Assistenzärztin, gut aussehend, manchmal etwas bestimmend, kann sich aber oft durchsetzen und hat auch ebenso oft Recht

6
Dr. Ludwig Tauber,
Assistenzarzt, leider nur die dritte Position, in vielen Dingen unbeholfen und ungeschickt, setzt sich sehr für die Patienten ein

Die Personen

7
Antonia Schüssler-Busch, Direktorin des Pflegedienstes, sehr oft sehr bestimmend, weiß was sie will, und erkennt Situationen blitzschnell

8
Ludmilla Cech, Pflegebereichsleitung, generell etwas unsortiert, kümmert sich um viele Belange, die nicht in ihrer Zuständigkeit liegen

9
Manuela Inderwies, Stationsleitung, noch etwas unklar in ihren Zielen zwischen Karriere- und Familienplanung, hat die Station aber gut im Griff

10
Werner Schneider, Leiter Medizin-Controlling, sehr gut informiert und sehr verliebt in Zahlen, Daten und Fakten, also genau an der richtigen Position

11
Sine Gülünoglu, Reinigungskraft, seit 20 Jahren im Haus, kennt alle Personen und deren Beziehung zueinander, wirkt oft vermittelnd als Vertrauensperson

12
Josef Küstner, Qualitätsmanager, neu und unerfahren, will mit dem Kopf durch die Wand und bleibt dabei oft erfolglos, gibt aber nie auf

inführunggehen.com

Der erste Tag

Wie jeden Morgen überprüft Frau Schwarz etwa fünfzehn Minuten vor Arbeitsbeginn die Funktionstüchtigkeit der Kaffeemaschine. Hierzu reicht ein kurzer Daumendruck auf den rechteckigen Startknopf. Kurz blinkt das rote Lämpchen auf. Klick. Alles o.k. Erst danach entledigt sie sich ihres Mantels und des Schals. Die Handtasche stellt sie auf die Fensterbank, schaltet nebenbei den Mac an, hört den Anrufbeantworter ab, notiert zwei Nachrichten mit Eingangszeitpunkt, sortiert die Stifte in den Gläsern und schlägt die Agenda an der entsprechenden Stelle auf. Alle Bewegungen sind ritualisiert und dauern zusammen nur wenige Sekunden. Die heute zu erledigenden Arbeitsaufgaben liegen sauber nach Dringlichkeit sortiert in Einlegemappen. Wie jeden Morgen seufzt Sie leise: "Der Tag kann kommen."

Herr Wieslhuber stellt seinen dunkelblauen Wagen auf dem für die Geschäftsleitung reservierten Parkplatz ab. Mit einem tiefen Atemzug klemmt er den Mantel unter seinen linken Arm, verschließt den Wagen mit der Fernbedienung, nimmt seine Rollkoffer und geht los. Auf dem Weg zum Eingang fühlt er sich beobachtet. Diesen ersten Arbeitstag in der kommunalen Klinik-GmbH hat sich der junge Geschäftsführer oft ausgemalt. Das Bewerbungsverfahren durchlief er elegant, hat dabei weitaus berufserfahrenere Mitbewerber ausgestochen und schnell die Zusage bekommen. Es ist seine erste Stelle, in der er für eine zumindest befristete Zeit von fünf Jahren - manchmal denkt er dabei an Fußballtrainer: "oder kürzer..." - die Verantwortung für 400 Mitarbeiter, 60 Millionen Euro Umsatz und 30.000 Patienten im Jahr übernommen hat.

Mit schnellen, sicheren Schritten nimmt er die Stufen in den zweiten Stock. Das Schild an seiner Bürotüre trägt außer dem Hinweis Geschäftsleitung noch keinen Namen. Morgen wird das anders sein.

01 Anerkennung aussprechen

infühlunggehen.com

01
Anerkennung aussprechen

Der Zufall wollte es genau so! Herr Wieslhuber begutachtet gerade im Konferenzraum die Vorbereitungen für die bevorstehende Klinikkonferenz, als die Reinigungskraft, Frau Gülünoglu, in der Annahme, der Raum wäre verschlossen, die Tür öffnet, jedoch nicht eintritt. Nun ereignet sich für Herrn Wieslhuber eine kleine Szene, die er durch die offen stehende Tür gut beobachten kann.

Da sich neben dem Konferenzraum die Sekretariate der Chefärzte befinden, kommen nun zwei der Herren im Minutentakt vorbei. Der erste, dessen Namen Herr Wieslhuber verschweigt, mit großen Schritten, Fernblick, wehendem weißen Arztkittel, bemerkt die offenstehende Konferenzraumtüre genauso wenig, wie er Frau Gülünoglu eines Blickes würdigt.

Kurz darauf kommt der Chefarzt, Herr Dr. Schwarzmüller, bleibt kurz stehen und grüßt Herrn Wieslhuber durch die offene Türe mit einer kurzen Geste; zu Frau Gülünoglu hingegen sagt er: „Ach Frau Gülünoglu – Sie sind wieder aus der Kur zurück, ich hoffe, Sie haben sich gut erholt. Ich wünsche Ihnen einen guten Arbeitsbeginn." Und im Weitergehen: „Einen schönen Tag noch". Dann ist auch er verschwunden. Frau Gülünoglu errötet überrascht, bedankt sich verlegen und beginnt zu arbeiten.

Herr Wieslhuber notiert sofort in seinem berühmten, schwarzen Notizbuch mit dem Aufdruck CONCEPTUM: Sehr aufmerksam – Name gewusst – Anlass bekannt – sehr freundlich und zugewandt. Wahrscheinlich reinigt sie jetzt sein Sekretariat besonders gründlich!

Die Augen auf

Wer die Kritikbrille aufhat, wird ständig und überall etwas finden, was zu kritisieren ist. Wer hingegen die Anerkennungsbrille aufsetzt, dem werden zunehmend Dinge auffallen, die funktionieren und die wertzuschätzen sind. Die Devise lautet also: Augen auf, um Anerkennung wahrzunehmen und verteilen zu können.

Es kommt auf Kleinigkeiten an

Nicht nur Höchstleistungen verdienen Anerkennung. Auch scheinbar selbstverständliche Dinge wie Pünktlichkeit, Umsicht, Freundlichkeit, gute Laune, Vollständigkeit in der Aufgabenerledigung etc. Deshalb ist es ratsam, auch diese Dinge hin und wieder wertschätzend zu kommentieren. Am besten mit persönlicher Anrede.

Die Anerkennung für das Tun

Viele Menschen nehmen die Anerkennung für das, was sie getan haben, dennoch nicht gerne entgegen. Warum sonst wehren sie sich so dagegen, indem sie die durchaus ehrlich gemeinte Wertschätzung nicht annehmen. „Das ist doch nicht nötig", „das war doch eine Kleinigkeit", „das mache ich immer so" etc. Mit solchen Aussagen werten viele Mitarbeiter die ihnen entgegengebrachte Anerkennung ab. Die einzig richtige Antwort auf Anerkennung ist deshalb: „Danke". Damit bleibt Anerkennung so wirksam, wie sie gemeint ist. Das kann man auch üben: „Danke"

Die Anerkennung für das Sein

Gegen die seinsorientierte Anerkennung kann sich der Mensch nicht wehren. Deshalb ist diese Form der Anerkennung so wirksam. „Schön, dass Sie heute im Dienst sind, Frau Huber" wirkt immer. Ebenso: „Ich arbeite gerne mit Ihnen, Herr Küster".

01
Anerkennung aussprechen

Die wertschätzende Grundhaltung ist ein Erfolgsfaktor für Führungskräfte. Auch sie kann bewusst entwickelt und geübt werden. Herr Wieslhuber liebt es, von Zeit zu Zeit eine von ihm erfundene **Wertschätzungsliste** anzulegen, auf der er zunächst Namen von Personen notiert, mit denen er in einer bestimmten Angelegenheit zu tun hat. Danach ergänzt er zu jeder Person eine Eigenart oder ein Verhalten, das er an dieser Person schätzt. Bei einigen fällt es ihm leicht, mehrere positive, wertschätzende Eigenarten zu nennen, bei anderen muss er entweder länger nachdenken, oder aber er findet tatsächlich nichts. In diesem Falle ernennt Herr Wieslhuber diese Person für die nächste Zeit zu seinem wichtigsten Mitarbeiter. Das wiederum hat zwei Konsequenzen: Entweder er findet versteckte Talente und Eigenheiten durch die erhöhte Aufmerksamkeit dieser Person gegenüber, oder aber er weiß, dass er auf diesen Mitarbeiter eher wenig Einfluss haben wird – und das will er dann auch akzeptieren.

Hier eine Beispielliste aus Herrn Wieslhubers erster Arbeitswoche. Diese und andere Listen ändert oder ergänzt Herr Wieslhuber in regelmäßigen Abständen, hält sie aber immer unter Verschluss.

	Persönlichkeitsmerkmal	Tätigkeitsmerkmal
Frau Schwarz (Sekretariat)	gewissenhaft	reaktionsschnell
Dr. Oskar Schwarzmüller (CA)	freundlich	aufmerksam
Frau Schüssler-Busch (PDL)	besonnen	sehr ordentlich
Herr Schneider (Controlling)	standhaft	akribisch, genau
Andrea Wolf (Assistentin)	kreativ	flott, schnell

Anerkennung immer sofort

Mit Anerkennung sollte man nicht auf den besten Zeitpunkt warten. Sie ist am wirkungsvollsten, wenn sie spontan und ehrlich erfolgt, und zwar sofort, ohne die großen Gesten, eben natürlich.

> „Wer Anerkennung ernten will,
> muss Anerkennung säen."
> Rene Egli (schweizer Ökonom)

Dieser Leitsatz wird oft vergessen. Mitarbeiter beklagen sich über zu wenig Anerkennung von oben. Es ist die Frage erlaubt, was sie an ihrer Führungskraft, an ihrem Teamleiter schätzen und ob sie ihm oder ihr dies auch schon einmal mitgeteilt haben.

> „Gehen wir niemals davon aus,
> dass etwas selbstverständlich wäre."

Diesen Leitsatz muss Herr Wieslhuber öfter wiederholen, als ihm lieb ist. Zu oft glauben Führungskräfte, dass Identifikation, Engagement und Einsatz selbstverständlich seien. Wir sollten auch alltägliche Dinge anerkennend kommentieren und die Wirkung beobachten.

Machen wir uns bewusst, was eine wertschätzende Grundhaltung bewirken kann. Herr Wieslhuber sagt in kleiner Runde manchmal:

> „Wir haben vor allem Einfluss auf Menschen,
> die wir akzeptieren oder mögen."

Warum sollten wir dieses Wissen ignorieren?

Arbeitsaufwand ermitteln

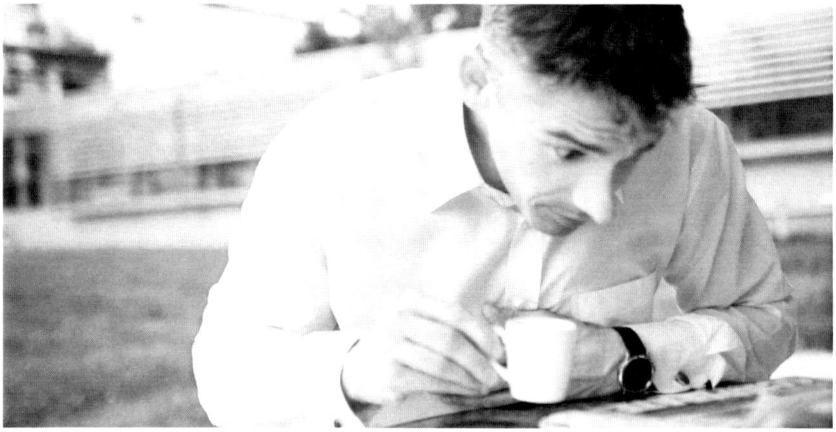

02
Arbeitsaufwand ermitteln

Kaum war die Nachricht in der Abteilung für Physiotherapie eingetroffen, die Geschäftsleitung überlege, eine Kassenzulassung und damit eine Erweiterung des Leistungsangebots für ambulante Behandlungen zu schaffen, wurde das subjektive Empfinden der Überlastung bei jeder Gelegenheit wie folgt verbalisiert: „Wir haben eh schon genügend zu tun" oder „Wir wissen gar nicht, wie wir das auch noch schaffen sollen" oder „Unsere Terminplanung platzt sowieso schon aus allen Nähten" u. ä.

Nachdem die Ausfallrate sprunghaft anstieg, die Unzufriedenheit nicht nur innerhalb der Abteilung, sondern auch in der Cafeteria und gegenüber Patienten während der Behandlung geäußert wurde, erfährt auch Herr Wieslhuber davon. Kurzerhand beschließt er eine Untersuchung und Darstellung der Anforderungen und des Aufwands. Er will Hilfsmittel zur Verfügung stellen, um dafür zu sorgen, dass die entsprechenden Aufzeichnungen von den Mitarbeitern der Klinik eigenständig angefertigt werden können.

Fairness ist das wichtigste Gebot

Die Untersuchung des in einer Abteilung geleisteten Aufwandes erfolgt sinnvollerweise unter dem Gebot der Fairness. Die Mitarbeiter erhalten vollständige Informationen über den Anlass, den Auftrag, die Kriterien und die möglichen Konsequenzen. Jede Darstellung der Anforderungen, der Zuständigkeiten, der Belastungen unter organisatorischen, zeitlichen und personellen Bedingungen erfordert in den zu untersuchenden Abteilungen die Zustimmung der Mitarbeiter zu den jeweiligen Kriterien. Wird diese Zustimmung nicht eingeholt, kann jedes Untersuchungsergebnis darüber angezweifelt werden.

Vergleiche ermöglichen

Am besten ist es, Abteilungen anderer Kliniken zum Vergleich heranzuziehen und diese Vergleiche auch öffentlich zu erörtern. Auch wenn die Bedingungen nicht völlig übereinstimmen, schafft diese Maßnahme ein Fundament zur Erarbeitung kreativer Lösungen. Oft werden Analysetermine zu nicht geeigneten Zeiträumen vereinbart. Hier besteht Herr Wieslhuber darauf, die Aussagen der in der zu untersuchenden Abteilung tätigen Mitarbeiter zu berücksichtigen. Falls die Bedingungen angezweifelt werden, muss eine Wiederholung oder Ergänzung erfolgen.

Die Ergebnisse zugänglich machen

Sämtliche Analyseergebnisse sowie deren externe und interne Bewertung werden den Mitarbeitern zugänglich gemacht und zu einer Gegenkontrolle übergeben. Erst danach sind Entscheidungen und Umsetzung von Konsequenzen sinnvoll. Je mehr die betroffenen Personen in die Ermittlung des tatsächlichen Arbeitsaufwandes einbezogen werden, umso besser lassen sich Konsequenzen im Anschluss umsetzen. Alle Daten werden ausführlich erklärt und mit den Schlüsselpersonen umfassend diskutiert. Dieser Aufwand wird sich auszahlen.

02
Arbeitsaufwand ermitteln

Die objektive Arbeitsbelastung und deren subjektive Empfindung unterscheiden sich in den allermeisten Fällen. Neben statistischen Berechnungen des Arbeitsaufwandes liebt Herr Wieslhuber die aktive Einbeziehung der Mitarbeiter in dieses Vorhaben. Er führt in dieser Absicht gerne die sogenannte D A S A (Dynamische Arbeits-Situations-Analyse) durch und geht dabei nach folgenden Schritten vor:

Suche nach Schlüsselthemen

In jedem Arbeitsbereich kann die Fragestellung nach den zu verbessernden Schlüsselthemen jederzeit von den dort arbeitenden Mitarbeitern beantwortet werden. Hier ist eine Eingrenzung auf vier bis sechs Themen nötig, damit der Umfang der Bearbeitung überschaubar bleibt und nicht die Menge der Verbesserungen die Qualität beeinträchtigt.

Teambesprechung

In einer Teambesprechung wird die Situation analysiert und danach werden Verbesserungsvorschläge erarbeitet. Diese Einzelschritte sind langsam und sorgfältig mit einer Vielzahl der Personen einschließlich der Führungskräfte durchzuführen. Ein Moderator ist dabei hilfreich.

Bewertung der Schlüsselthemen

Zunächst wird eine Bewertung der Themen unter der Fragestellung des vermeintlich größten Nutzens mit der Punktemethode durchgeführt. Jede anwesende Person erhält zur Bewertung der Themen zwei Klebepunkte, mit denen sie eine individuelle Bewertung vornimmt. So wird auch die Gesamtbewertung sichtbar.

Auswahl der Lösungsmöglichkeiten

Unter den erarbeiteten Lösungen werden einige zur sofortigen Umsetzung ausgesucht und Vorschläge dazu diskutiert. Am Ende dieser Besprechung übernimmt oder erhält jede anwesende Person eine kleine Aufgabe zur Realisierung dieser Vorschläge.

Herr Wieslhuber liebt es, die Mitarbeiter einer Abteilung zu einer Selbstbewertung aufzufordern und die Ergebnisse dann mit ihnen zu diskutieren. Er hat dazu verschiedene Ergebnis-Diagramme erfunden und will dieses Instrument nun öfter zum Einsatz bringen.

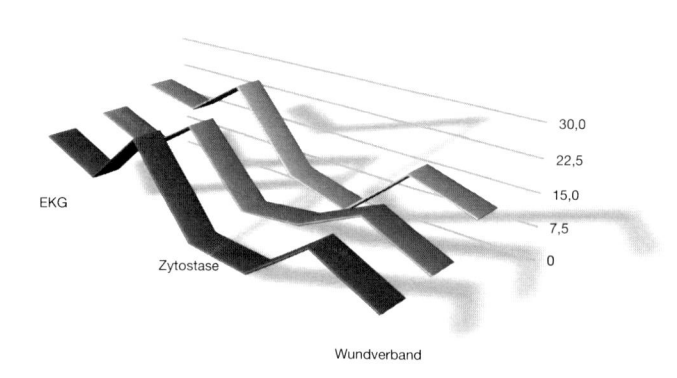

Das Diagramm zeigt die quantitative Erfassung bestimmter Aufwendungen, wie z. B. die Anfertigung von EKGs, die Verabreichung von zytostatischen Therapien und die Erneuerung von Wundverbänden, in einem Zeitraum von drei Monaten in einer Abteilung. Diese Tätigkeiten sind mit einem bestimmten Minutenwert hinterlegt und dokumentieren die Entwicklung der Arbeitsaufwendungen.

Herrn Wieslhubers Devise dazu:

„Bescheidenes Engagement
führt meist zu bescheidenen Erfolgen."
B. C. Forbes (amer. Verleger)

„Es ist reine Zeitverschwendung,
etwas Mittelmäßiges zu tun."
Madonna (Pop-Sängerin)

03 Besprechungen leiten

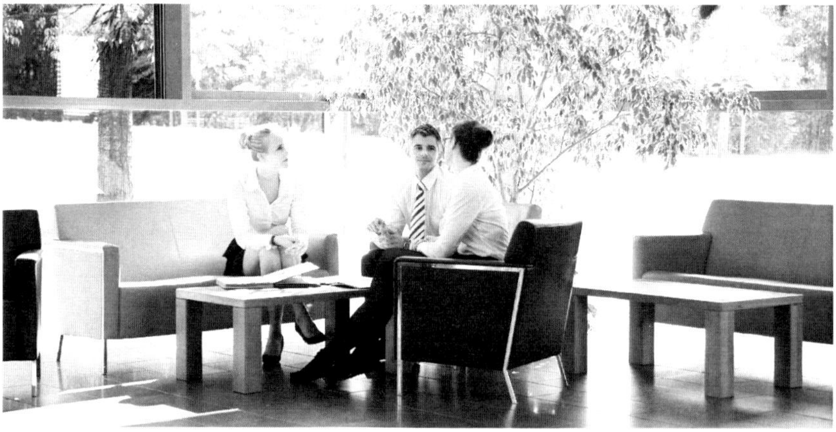

03
Besprechungen leiten

Das ist jetzt schon die x-te Besprechung, in der ausschließlich gejammert, geschimpft, gelästert, gemeckert und gegackert wird. Herr Wieslhuber befindet sich gerade auf Mitarbeiter-Kennenlern-Tour und besucht dabei verschiedene Abteilungsbesprechungen. Dies alles selbstverständlich nur nach Ankündigung und mit der entsprechenden Einladung.

Trotz geschickter Interventionen der jeweiligen Besprechungsleiter verlaufen die Gespräche in den beobachteten Besprechungen selten konstruktiv. Kaum zurück in seinem Büro, beginnt Herr Wieslhuber mit der Analyse. Die Grundlage allen Übels bei Besprechungen scheint die katastrophale Faktenlage zu sein. Wenn sich zu wenige Gesprächspartner auf Zahlen, Daten und Fakten beziehen können, stellt jeder Einzelne individuelle Vermutungen an, folgt seinen von Überlastung geprägten Interpretationen, deutet Aussagen anderer einseitig negativ und kommt so regelmäßig zu einer Untergangsvision. Alle Vorschläge werden als nicht realisierbar eingestuft und deshalb konsequenterweise abgelehnt.

Herr Wieslhuber beschließt, vor jeder Besprechung dafür zu sorgen, dass die Faktenlage geklärt und die Teilnahme an Besprechungen an Bedingungen geknüpft wird. Er erfindet das **Besprechungs-Datenblatt**. Dieses beinhaltet alle Informationen, die jedem Besprechungsteilnehmer vor der jeweiligen Besprechung vorzuliegen hat. Je nach Besprechungsauftrag oder Fachgebiet kann es auch individuell angefertigt sein.

Die Ankündigung

Wie soll sich ein Mitarbeiter auf eine Besprechung bestmöglich vorbereiten, wenn er erst kurz vor dem Termin erfährt, worum es in dieser Besprechung gehen wird, wer als Besprechungsteilnehmer geladen ist und wie lange die Besprechung dauern wird? Neben den Tagesordnungspunkten enthalten wirkungsvolle Einladungen auch kurze Informationen zu den zu besprechenden Inhalten.

Eine entspannte Atmosphäre

Die Umgebung beeinflusst den Inhalt. Ein gut vorbereiteter Besprechungsraum mit entsprechenden Hilfsmitteln, angefangen von der Technik, über Notizblätter, Stifte und Moderationshilfsmittel, bis hin zum Catering und je nach Anlass Blumen, machen Besprechungen angenehm und dadurch auch effektiv. Auch die Kompetenz des Moderators und die damit verbundene Akzeptanz durch die Besprechungsteilnehmer sind eine wesentliche Voraussetzung für die Effektivität von Besprechungen.

Die Einhaltung der Besprechungsregeln

Wer Besprechungsregeln verletzt, gefährdet den Besprechungserfolg. Vielen Besprechungsteilnehmern ist dieser Grundsatz nicht bekannt. Oft ist es der persönliche Nutzen und das persönliche Anliegen, aus dem heraus gehandelt wird. Aus diesem Grund werden Besprechungen gerne als Plattform persönlicher Strategien genutzt. Die konstruktive Mitarbeit in Besprechungen sollte in regelmäßigen Abständen geübt und wie bei anderen Aufgaben und Verantwortlichkeiten wiederholt in Erinnerung gebracht werden.

Klare Ergebnisorientierung

Wer Ergebnisse erzielen will, muss sich seines Minimalziels klar sein und das Maximalziel ansteuern. Oft sind Personen in oder nach Besprechungen enttäuscht, wenn nicht das gewünschte Ergebnis erzielt werden konnte. Wir wissen jedoch zu genau, dass die Bereitschaft von Menschen, sich auf neue Dinge einzulassen, eine sehr individuelle Eigenzeit benötigt. Oft ist es wesentlich nützlicher und deshalb auch ratsamer, zunächst auch mit kleinen Ergebnissen zufrieden zu sein.

03
Besprechungen leiten

Nun kann also die Besprechung beginnen. Herr Wieslhuber ist gut vorbereitet und befolgt nachfolgende Erfolgsfaktoren:

Schwungvolle Einleitung

Als Leiter einer Besprechung ist man gut beraten, die Begrüßung der anwesenden Personen sowie die Vorstellung von Gästen schwungvoll zu gestalten. Hier kann auch eine vorbereitete Geschichte oder ein gelungenes Beispiel helfen. Allerdings darf das auch nicht zu lange dauern.

Zügige Bearbeitung

Um die Chancen zur vollständigen Erledigung des Besprechungsvorhabens zu erhöhen, empfiehlt sich eine grobe Zeitkalkulation, bezogen auf die jeweiligen Besprechungspunkte. Wichtiges wird zuerst bearbeitet, alles andere später und manches unter Umständen gar nicht.

Steuerung der Beteiligung

Körperliche Anwesenheit alleine reicht nicht, ebenso sind Vielredner nicht gefragt. Deshalb ist die Gesprächssteuerung durch den Besprechungsleiter zwingend notwendig. Ein klares „Danke" zur Beendigung eines Beitrags oder die Aufforderung zu einer Stellungnahme durch „Bitte" sind durchaus erlaubt und angemessen. Und da viele gelernt haben, jemanden zu unterbrechen sei unhöflich, sagt Herr Wieslhuber dazu: „Zwischen Ihnen und einer guten Gesprächsleitung steht Ihre gute Erziehung".

Zusammenfassung der Ergebnisse

Herr Wieslhuber liebt es, wenn Besprechungen mit konkreten Ergebnissen enden und jeder Besprechungsteilnehmer eine klare Aufgabenstellung mit einem definierten Zeitrahmen erhält und übernimmt. Das macht Besprechungen effektiv und konkret. Am Ende einer Besprechung erkundigt sich Herr Wieslhuber gerne, ob jetzt jeder sein „Jöbli" hat, wie er diese kleinen Aufgaben nennt.

In einem von ihm initiierten Projekt haben Mitarbeiter der Klinik einen Maßnahmenplan für effiziente und effektive Besprechungen erarbeitet. Dieser beinhaltet folgende Organisationsregeln für Besprechungen:

Pünktlicher Beginn:
Die Türe wird verschlossen und mit einem Schild gekennzeichnet:

> Ich muss leider draußen bleiben, ich bin zu spät!

Pünktliches Ende:
Auch wenn nicht alle TOPs besprochen sind, endet die Besprechung pünktlich und fordert damit eine Gesprächsdisziplin für die folgenden Besprechungen.

Redezeitbeschränkung:
Jeder Besprechungsteilnehmer hält sich an die vom Moderator festgelegte Redezeit.

Berechnung des Minutenwerts:
Diese Berechung erfolgt anhand eines EDV-Programms, das über das Jahresgehalt der Besprechungsteilnehmer den Wert der Besprechung pro Minute anzeigt.

Protokollerstellung:
Protokolle werden live erstellt und unmittelbar nach der Besprechung autorisiert und via Mail versendet. Sie sind eher am Arbeitsplatz als die Besprechungsteilnehmer.

„Es ist schon alles gesagt worden,
aber noch nicht von jedem"

„Ich sage nichts anderes als die anderen,
aber ich sage es etwas anders"

Das sind beliebte Zitate aus dem Vermächtnis von Karl Valentin, (Münchner Komiker und Philosoph), die Herr Wieslhuber oft bei passender, (manchmal unpassender Gelegenheit) einstreut, um einen aufheiternden Einfluss auf den bisweilen zu ernsten Besprechungsverlauf zu nehmen.

04 Bewerber auswählen

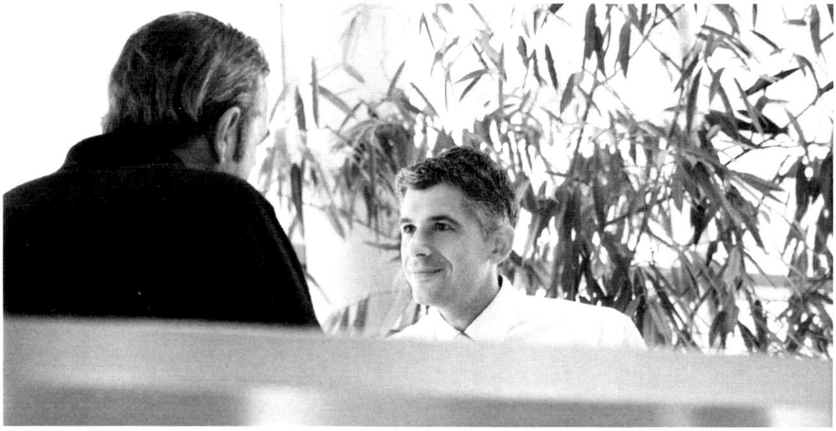

04
Bewerber auswählen

Die heutige Bewerberauswahl hat sich, wie schon so oft, wieder bis in die Abendstunden gezogen. Herr Wieslhuber weiß, dass die richtige und überlegte, manchmal auch glückliche Entscheidung ein wesentlicher Erfolgsfaktor für das Unternehmen sein kann. Deshalb liebt er es, diese Entscheidung auf der Grundlage ausführlicher Gespräche mit den Bewerbern und danach mit seinem Führungsstab zu treffen. Eine nicht gereifte oder zu schnell gefasste Personalentscheidung hat oft weitreichende Konsequenzen. Ungeachtet des administrativen Aufwands in der Personalabteilung sind Einarbeitungsbemühungen zusätzliche Aufwendungen, die im Falle eines Misserfolgs wiederholt werden müssen. Die Entscheidungen am heutigen Tag sind getroffen: Zwei Ablehnungen, drei Zusagen – besser kann es nicht laufen.

Frau Schüssler-Busch berichtet noch von einer amüsanten Begebenheit: Eine Bewerberin zur Ausbildung an der Berufsfachschule für Gesundheits- und Krankenpflege an einer psychiatrischen Klinik wird von mehreren Entscheidungsträgern befragt. Auf viele der Fragen antwortet sie souverän und sicher, macht auch insgesamt einen reifen Eindruck und scheint sehr gut vorinformiert und auch interessiert zu sein, was die Kommission von anderen Bewerbern nicht gerade behaupten konnte. Nun kommt es zur entscheidenden Frage: „Wenn Sie jetzt mit diesen Patienten, die in der Bevölkerung gerne als Verrückte bezeichnet werden, zusammenarbeiten, haben Sie da keine Angst, auch etwas eigenartig zu werden?" Nach kurzer Überlegung kommt die Antwort: „Ach wissen Sie, meine beste Freundin arbeitet als Tierpflegerin – und sie hat auch nicht angefangen zu bellen."

Bewerber in der Hinterhand

Wenn erst bei akutem Personalmangel damit begonnen wird, Ausschau nach geeigneten Personen zu halten, sind die wichtigsten strategischen Entscheidungen in diesem Unternehmen nicht getroffen. Wie im Führungsinstrument 18 – Personalentwicklung – noch näher ausgeführt, benötigt ein Unternehmen, ja sogar eine Abteilung, die berühmten „Berti-Vogts-Ergänzungsspieler". Das sind entweder bereits vorqualifizierte Mitarbeiter in den eigenen Reihen oder ehemalige und aktiver Bewerber.

Hohes Tempo

Ein Bewerbungsverfahren erfordert ein hohes Abwicklungstempo. Der Prozess muss wie ein Produktions- oder Behandlungsprozess optimiert werden. Auch hier bedarf es einer mittleren Verweilzeit bei den jeweiligen Entscheidungsträgern oder Bearbeitern. Eine gute Kooperation mit dem Betriebsrat – soweit vorhanden – ist dazu besonders hilfreich. Bewerber entscheiden sich oft für das Unternehmen, das bereits im Bewerbungsverfahren eine gewisse Professionalität erkennen lässt.

Weniger Zeugnis, mehr Überzeugung

Oft sind die entsprechenden Dokumente der Bewerber mehrere Jahre alt. Menschen entwickeln sich. Lassen Sie sich von den Personen überzeugen. Die richtigen Fragen bringen Bewerber dazu, Auskünfte über ihre derzeitige Haltung und über ihre Person mitzuteilen. Auch das persönliche Umfeld und die Interessen des Bewerbers sind von Bedeutung. Folgen Sie als Führungskraft ihrer Intuition.

Netzwerke nutzen

Selbstverständlich sind entsprechende Informationen von ausgewählten Personen hilfreich. Oft werden Netzwerke genutzt, um Erkundigungen einzuziehen. Das ist eine gängige Praxis. Die auf diesem Weg erzielten Informationen sollten jedoch nie den persönlichen Eindruck überstrahlen. Um über den Aufbau von Netzwerken mehr zu erfahren, sollten sie entsprechende Literatur oder die Beratung erfahrener Personalleiter nutzen.

04
Bewerber auswählen

Kreative Ausschreibung

Für Stellenausschreibungen gibt es sowohl formale Vorgaben, vor allem hinsichtlich der rechtlich einwandfreien Formulierung und des Corporate Designs, als auch budgetbezogene Verfahrensweisen. Bei einem Vergleich aller Stellenanzeigen fallen jedoch nur wenige ins Auge. Die Merkmale dieser Anzeigen sind: Klare Worte, große Bilder, deutliche Anreize, Emotionen. Stellenausschreibungen sollten neugierig machen.

Bewerber persönlich kennenlernen

Eingegangene Bewerbungsunterlagen sollten schnell, sehr schnell gesichtet, bewertet und beantwortet werden. Hier eignen sich drei standardisierte Antwortschreiben, die noch am Tag des Eintreffens der Bewerbung verschickt werden können. Sehr zeitnahe Einladungen zu einem Vorstellungsgespräch, einem Assessment oder einem Probearbeiten wirken professionell und stellen die sicherste Chance dar, die besten Bewerber zu bekommen.

Sich schnell trennen

Arbeitsrechtliche Probezeiten müssen nicht ausgeschöpft werden. Eine schnelle Trennung ist weitaus sinnvoller als eine Verlängerung der vereinbarten Probezeit, wenn man den Aussagen erfahrener Personalmanager glauben will.

Das Mini-Assessment

Herr Wieslhuber liebt das von ihm erfundene **Mini-Assessment**. Hier ist die Aufgabenstellung auf zwei übersichtliche Prozesse beschränkt, die innerhalb von 30 Minuten vom Bewerber zu erledigen sind. Die Bewertungskriterien stehen fest und sind für alle Bewerber gleichermaßen gültig. Als Bewertungsteam fungieren immer drei Personen: die unmittelbare Fachvorgesetzte, ein Vertreter der Personalabteilung sowie ein Mitarbeiter der Personalvertretung.

Hier stellt uns Herr Wieslhuber zwei ausgewählte und nach Ihm benannte **Mini-Assessments** vor: Im ersten Fall wird ein Assistenzarzt gesucht, im zweiten Fall ein Apotheker. Die Bewerber haben zwei Aufgaben unter Beobachtung zu bewältigen. Für die einzelnen Bewertungskriterien sind jeweils maximal 10 Punkte zu erreichen. Wie in einigen Fällen bewiesen, erzielt Herr Wieslhuber mit dieser Methode beste Ergebnisse.

1. Ausschreibung	Assistenzarzt für die psychosomatisch-internistische Klinik
Aufgaben	Überzeugen Sie in einem 5-Minuten-Gespräch eine Patientin mit Anorexia nervosa (keine Krankheitseinsicht), stationär in Behandlung zu bleiben.
	Überzeugen Sie bitte die Stationsschwester von der Notwendigkeit dieser Patientenaufnahme bei übervoller Station.
Bewertungskriterien	1 Vermittlung medizinischer Inhalte 2 Einfallsreichtum 3 Selbstsicherheit 4 Verständnis/Einfühlungsvermögen 5 Überzeugungskraft
2. Ausschreibung	Apotheker für Logistik in der Klinikapotheke und Dozententätigkeit für medizinische Assistenzberufe
Aufgaben	Ein wichtiges Arzneimittel ist nicht verfügbar. Was tun?
	Eine Medikamentenlieferung an die Station ist fehlgeschlagen.
Bewertungskriterien	1 Falldifferenzierung 2 Prioritäteneinschätzung 3 Literaturrecherche 4 Kommunikationsfähigkeit 5 Findigkeit und Flexibilität

05 Entscheidungen treffen

inführunggehen.com

05
Entscheidungen treffen

Bereits zum zweiten Mal hat Herr Wieslhuber beim Betreten des Casinos den Eindruck, er wird von Dr. Tauber, dem Assistenzarzt der Chirurgie, nicht aus dem Auge gelassen. Als die Ärztegruppe den Tisch verlässt, ergreift Dr. Tauber die Initiative, kommt auf Herrn Wieslhuber zu und bittet, kurz stören zu dürfen. Etwas langatmig und umständlich rechtfertigt Dr. Tauber die Störung der Mittagspause, kommt aber dann doch auf den Grund seines Anliegens. Es stehen derzeit eine Vielzahl von beruflichen und privaten Entscheidungen an, die, je länger er damit wartet, desto schwieriger werden. Ein berufliche Wechsel durch ein Angebot einer anderen Klinik sei zu bedenken wie ein damit verbundener Umzug in eine andere Stadt, die Aufgabe des erst kürzlich eingerichteten Hauses, die Umschulung der Kinder, die Versorgung der Eltern, die Ablösung des Bankkredits etc. Obwohl all diese Alternativen für den Entscheider Verbesserungen sein könnten, wird die gesamte Familie dadurch belastet, dass alles auch unkalkulierbare Konsequenzen haben könnte.

Herr Wieslhuber hört sich die Geschichte ruhig an, isst alles (inklusive der etwas künstlich schmeckenden Nachspeise), stellt zur einen oder anderen Aussage auch Fragen und kann dem armen Herrn Dr. Tauber dennoch keinen Rat geben. Der muss es selbst entscheiden.

Entscheidungen treffen bedeutet, nicht nur für Führungskräfte, aber vor allem für diese, innerhalb einer Wahlmöglichkeit verschiedene Alternativen zu haben. Dieser glückliche Umstand, der manche Menschen so unglücklich macht, beinhaltet die Notwendigkeit, etwas zu wählen und damit etwas anderes abzuwählen. Es bedeutet, sich zu trennen, sich zu entscheiden. Folgende Überlegungen sind hilfreich, zunehmend gute Entscheidungen zutreffen.

Sich unbeliebt machen

Bei jeder Entscheidung, die eine Führungskraft zu treffen hat, schwingt neben der Sachfrage immer die Befürchtung mit, ab diesem Zeitpunkt nicht mehr so beliebt zu sein. Es ist nicht möglich, dass Entscheidungen allen Personen gleichermaßen zusagen. Zu seiner Meinung stehen und sie zu begründen, das ist die Herausforderung und der Segen zugleich.

Risiko wagen

Wer immer auf Nummer sicher gehen will, verzögert Entscheidungen unnötig. Entscheidungen beinhalten immer ein Risiko und sind oft erst viel später wirklich zu bewerten. „Wer immer das wählt, was er schon kennt, wird immer das bleiben, was er schon ist!"

Nicht nur das sehen, was man sehen will

Viele Führungskräfte neigen dazu, bereits vor der Gegenüberstellung aller Fakten eine subjektive Bewertung vorzunehmen. Oft werden Situationen in angenehmes Licht gerückt. Beschäftigen wir uns doch vor allem mit den Faktoren, die zu unangenehmen Entscheidungen führen werden.

Wissen hilft

Die Ausgangslage verbessern heißt vor allem, sich eine Vielzahl von Informationen zu besorgen, um sich in die Lage zu versetzen, aus einer umfassenden Sicht die derzeit bestmögliche Entscheidung zu treffen. Eine Auswahl aus mehreren Optionen ermöglicht eine angemessene und verträgliche Auswahl.

05
Entscheidungen treffen

Alles hat Vor- und Nachteile

Für jede Fragestellung finden sich sowohl Vor- als auch Nachteile. In bestimmten Fällen ist es sinnvoll, nicht nur dafür zu sorgen, dass sich Vorteile einstellen, sondern vor allem dafür zu sorgen, dass sich möglichst wenig Nachteile ergeben.

Viele Wege führen zum Ziel

Bei Entscheidungsfragen bezüglich der Vorgehensweise zeigt sich vor allem in Organisationen, dass Unwägbarkeiten auftreten können, die den besten Weg blockieren. Andererseits können scheinbar schwierige Pfade durch die entsprechende Unterstützung sehr leicht zu gehen sein.

Nichts ist für immer

Sich später als falsch erweisende Entscheidungen können und müssen nach neuem Kenntnisgewinn geändert werden. Das wissentliche Beharren auf falschen Entscheidungen führt unweigerlich zum Ansehensverlust. Außerdem gilt die Maxime: „Wer A sagt, muss noch lange nicht B sagen".

Verzweifeln verboten

Über eine schwer zu treffende Entscheidung darf eine Führungskraft, die erfolgreich handeln will, nicht verzweifeln. Herr Wieslhuber bemüht in solchen Fällen seinen Coach oder bespricht die Angelegenheit mit einer Person, die von diesen Dingen keine Kenntnis besitzt, bisweilen auch mit seiner Frau.

Ergebnisse prüfen

In der Überprüfung der Entscheidungen nach einiger Zeit lässt sich die Entscheidungskompetenz deutlich verbessern. Was war der ausschlaggebende Impuls für die damals getroffene Entscheidung?

> „Die Entscheidungen, die wir treffen,
> bestimmen das Leben, das wir führen!"

Manche Mitarbeiter, aber auch Führungskräfte, neigen dazu, Entscheidungen im demokratischen Prozess herbeizuführen. Es soll unbedingt abgestimmt werden. In den wenigsten Fällen ist das hilfreich. Viele Entscheidungen sind mit unmittelbaren Konsequenzen für die Führungskraft selbst verbunden. Sie trägt dafür die Verantwortung. Deshalb trifft auch sie die Entscheidung. Herr Wieslhuber zitiert in diesem Zusammenhang gerne den Musterdemokraten:

> „Man kann in der Familie nicht abstimmen,
> wer der Vater ist!"
> Willy Brandt (vierter deut. Bundeskanzler)

Bereits seit einigen Jahren folgt Herr Wieslhuber diesen Grundsätzen, die er gerne auch angehenden Führungskräften empfiehlt:

> „Ergreife jede Möglichkeit, selbst zu entscheiden,
> bevor es andere für dich tun."

> „Der Schwache zweifelt vor der Entscheidung,
> der Starke danach."
> Karl Kraus (österr. Satiriker)

Selbstverständlich sind bei allen Entscheidungen, die eine Führungskraft zu treffen hat, auch immer wieder einige dabei, die sich im Nachhinein als nicht so glücklich erwiesen haben. Manche werden sogar grundlegend falsch gewesen sein. Hier hilft nur eins: Nicht auf falsche Entscheidungen bestehen, sondern sie rechtzeitig und zügig korrigieren, nach dem Grundsatz:

> „Was schert mich mein Geschwätz von gestern!"
> Konrad Adenauer (erster deut. Bundeskanzler)

06 Fragen stellen

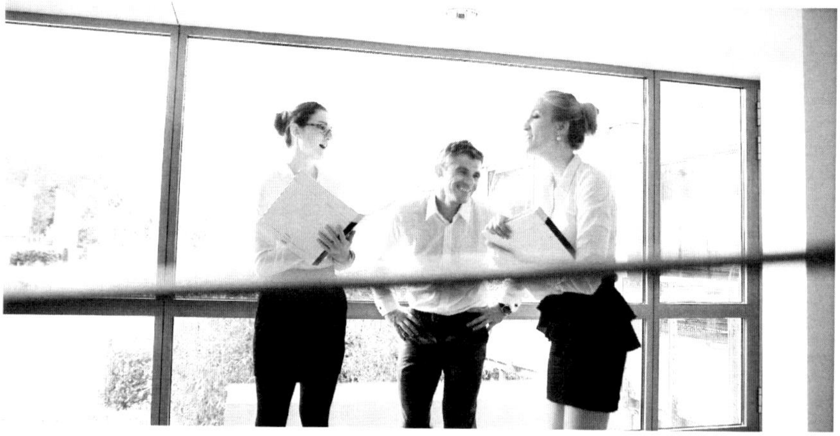

06
Fragen stellen

Gerade als Dr. Oskar Schwarzmüller den OP-Plan vollendet hat und sich eine Tasse Kaffee aus dem Automaten holte, betrat die Reinigungskraft Frau Gülünoglu den OP. Seit nunmehr siebzehn Jahren ist sie auch für Grundreinigung in diesem Bereich zuständig. Gerne übernimmt sie auch mal Aufgaben, die ihre übliche Zuständigkeit überschreiten. Auch dieses Mal stellt sie sich vor die OP-Plan-Tafel, liest in aller Ruhe das Programm, stemmt die Arme in die Hüften und sagt laut und deutlich: „Wie sollen wir denn das heute wieder schaffen? Das wird ja wieder Überstunden geben! Wer macht denn so was!"

In diesem Augenblick räuspert sich Herr Dr. Schwarzmüller in ihrem Rücken. Beobachter dieser Szene erwarten einen bestimmten weiteren Verlauf. Doch diesmal reagiert Herr Dr. Schwarzmüller anders. Er blickt Frau Gülünoglu direkt in die Augen, was aufgrund des Größenunterschieds der beiden nicht gerade leicht ist und stellt mehrere Fragen: „Was fällt Ihnen denn konkret auf, Frau Gülünoglu? In welchem Saal gibt es denn Ihrer Meinung nach die größten Probleme? Welche Änderungen würden Sie denn vornehmen?"

Viele Vorschläge Frau Gülünoglus sind intelligent und praktikabel. Herr Dr. Schwarzmüller akzeptiert sie auch, setzt einige in die Tat um und ändert den OP-Plan.

Auf der nächsten Seite stellt uns Herr Wieslhuber zwei Beispiele aus einem kleinen Test für Führungskräfte zur Verfügung, die zeigen, warum „Fragen stellen" oft die intelligentere Variante ist.

die Führung übernehmen

Situation 1:

Eine Mitarbeiterin macht einen Fehler, der ihr aufgrund der Dauer ihrer Betriebszugehörigkeit nicht mehr hätte passieren dürfen.

		gute Lösung	schlechte Lösung
A	Sie erklären ihr klar und unmissverständlich, dass der Fehler nie mehr vorkommen darf.	O	O
B	Sie korrigieren stillschweigend den Fehler selbst, weil Sie eine Auseinandersetzung vermeiden wollen.	O	O
C	Sie übertragen die entsprechende Aufgabe in Zukunft einer anderen Mitarbeiterin.	O	O
D	Sie fragen die Mitarbeiterin, wie es zu dem Fehler kommen konnte und wie sie die Situation jetzt sieht.	O	O
E	Sie sagen im Augenblick nichts, weil Sie in vierzehn Tagen sowieso ein Beurteilungsgespräch führen werden.	O	O

Situation 2:

Eine Mitarbeiterin sagt zu Ihnen: „Sie haben mich gestern gebeten, einen Verlegungsbericht nach Dienstschluss noch fertig zu stellen. Ich habe das auch getan, und jetzt kritisieren Sie mich, nur weil einige Laborbefunde fehlen".

		gute Lösung	schlechte Lösung
A	Sie entschuldigen sich, dass Sie auch nichts dafür können, wenn bestimmte Sachen eben vollständig sein müssen.	O	O
B	Sie erklären ihr, dass ein gelegentliches Arbeiten nach Dienstschluss ihr noch lange nicht das Recht gäbe, unvollständig zu arbeiten.	O	O
C	Sie fragen, inwieweit sie sich ungerecht behandelt fühlt.	O	O
D	Sie erklären ihr, dass auch Sie manchmal, bedingt durch kurzfristige Termine, Verabredungen absagen müssen.	O	O
E	Sie machen deutlich, dass Sie in jedem Falle fehlerfreie Berichte brauchen.	O	O

06
Fragen stellen

Der Nutzen für die Führungskraft

Durch Nachfragen erhält die Führungskraft einen entscheidenden Kenntniszuwachs. Sie erfährt wichtige Dinge über den Mitarbeiter selbst oder seine Sicht der Dinge. Unklarheiten in Sachfragen können beseitigt werden und es entwickelt sich gegenseitiges Vertrauen und Respekt. Durch die Souveränität der Führungskraft, nicht auf die emotionalen Angebote der Sprachbotschaft einzugehen, sondern zuerst den Sachverhalt zu klären, nimmt das Ansehen der Führungskraft bei den Mitarbeitern erheblich zu. Mit diesem Ansehensgewinn vermehren sich auch die Möglichkeiten der Einflussnahme. Der Vertrauensgewinn bewirkt Unterstützung auch in schwierigen Angelegenheiten. Die Gestaltungsmöglichkeiten der Führungskraft erweitern sich dadurch sehr.

Der Nutzen für die Mitarbeiter

Mit dem Stellen von Fragen erfährt der Mitarbeiter deutliche Signale des Interesses der Führungskraft an ihm und seiner Meinung. Es wird eine Erklärungsplattform ausgebreitet, auf der der Mitarbeiter seine Sicht der Dinge darlegen und erläutern kann. So kommt es zu einem Erkenntnisabgleich, der für die zukünftige Zusammenarbeit von größtem Nutzen sein kann. Außerdem haben die Mitarbeiter damit die Möglichkeit, Ideen einzubringen und Lösungen anzubieten. Die selbst angebotenen Lösungen können außerdem sehr leicht umgesetzt werden. Neben den sachlichen Erwägungen ist hier vor allem der persönliche Aspekt bedeutsam. Wenn sich Mitarbeiter in einem System wahrgenommen, ernst genommen und persönlich respektiert fühlen, fällt die Umsetzung der Aufgaben wesentlich leichter. Die Ergebnisse der Arbeit werden als die eigenen Ergebnisse bewertet und als solche dann auch verantwortet.

„Wer Fragen stellt,
führt das Gespräch"

In der Kommunikation zwischen Menschen beobachten wir ein weit verbreitetes Phänomen. Oft ist es einer Person auch nach längerer, intensiver Bearbeitung eines Problems oder Sachverhaltes nicht möglich, eine akzeptable Lösung zu finden. Im Gespräch mit einer zweiten Person stellen sich schnell mehrere Lösungsmöglichkeiten ein, falls die richtigen Fragen gestellt werden. Zu diesem Zweck hat Herr Wieslhuber ein **Fragen-Strategie-Rad** entwickelt, das nach einem festgelegten Prinzip funktioniert. Die drei Schritte werden in der vorgegebenen Reihenfolge sorgfältig und ausführlich durchgeführt.

Das Fragen-Strategie-Rad

1 Fragen zum Sachverhalt:

Zunächst sind Fragen zum Sachverhalt nötig, damit alle relevanten Aspekte beleuchtet, fehlende Fakten aufgedeckt und ergänzt werden können. „Wie konnte es dazu kommen?", „Welche Bedingungen waren verändert?", „Was hat sich genau ereignet?", „Welche Entscheidungen haben dazu geführt?" sind Beispielsfragen.

2 Fragen zur Emotion:

Im zweiten Teil interessiert die emotionale Beteiligung der Betroffenen. Inwieweit verstellt die Nähe zum Sachverhalt den Blick auf die Lösung, wie dringlich ist den Beteiligten eine Lösung? „Worüber haben Sie sich besonders geärgert?", „Was hat Sie dabei vor allem aufgeregt?", „Was ist für Sie am unverständlichsten?"

3 Fragen zur Zukunft:

Nun werden die denkbaren Möglichkeiten erörtert. Dabei kommt es zunächst nicht auf die Realisierbarkeit der Lösungen an. Besonders kreative und bisher noch nicht praktizierte Lösungsvarianten sind vorzuziehen: „Was haben wir bisher noch nicht versucht?", „Was könnten wir u. U. einmal überprüfen?", „Womit könnte es auch gelingen?"

07 Fortbildungen gestalten

52 inführunggehen.com

07
Fortbildungen gestalten

Bei einem Besuch eines Kongresses in der Landeshauptstadt erlebt Herr Wieslhuber eindrucksvolle Überraschungen.

Kaum hat er seinen Platz im Auditorium eingenommen, wird er von einer freundlichen Assistentin aufgefordert, mit auf die Bühne zu kommen, um sich mit anderen Experten an einem Spiel zu beteiligen. Mit einer gewissen Unsicherheit folgt er der Aufforderung, und wenige Sekunden später befindet er sich in einer Show mit dem Thema: „Die Gesundheitsreform und ihre Auswirkungen". Er stellt fest, dass es den anderen Menschen auf der Bühne so ergeht wie ihm, im Publikum unten im Auditorium allerdings eine zunehmende Entspannung eintritt. Die Moderatorin fordert die Beteiligten auf, bestimmte Positionen einzunehmen und aus den unmöglichsten Blickwinkeln zu argumentieren. Die Show nimmt dank der Talente einiger Mitstreiter einen schwunghaften Verlauf, bis endlich die geplanten Redner eintreffen. Am Ende der Veranstaltung stellt sich heraus, dass bereits in der ersten halben Stunde das Wesentliche gesagt und die meisten geplanten Reden danach überflüssig waren.

Herr Wieslhuber beschließt, dass dieses Beispiel Schule machen wird, und plant einen Besprechungstermin mit den zuständigen Mitarbeitern der Abteilung für Personalentwicklung gleich für den nächsten Montag. Dort fordert er, sämtliche Fortbildungsveranstaltungen hinsichtlich der Methoden und der Präsentationsqualitäten zu untersuchen, und beauftragt ein durch Funk und Fernsehen bekanntes Institut mit der Schulung einiger häufig referierender Mitarbeiter.

Niemand will belehrt werden

„Gewinnen statt belehren" ist das Motto des ersten Schulungstages. Zu allen Fortbildungsthemen werden Fragenkataloge erarbeitet, mit denen Schulungsteilnehmer vorab ihre Kenntnisse überprüfen und sich in das Thema einarbeiten können. Diese bestmögliche Orientierung an den Lernvoraussetzungen ist die Grundlage für erfolgreiche Bildung.

Kurzweiligkeit durch Abwechslung

Vergleichen wir TV-Sendungen von vor 20 Jahren mit denen von heute, stellen wir als deutliches Merkmal das stark veränderte Tempo fest. Bei älteren Sendungen müssen wir auf den weiteren Fortgang immer wieder warten. Das darf bei einer Fortbildungsveranstaltung nicht geschehen. Die Zeit muss vergehen wir im Flug. Die besten Fortbildungen sind unterhaltsam und kurzweilig.

Etwas fürs Auge

Die Visualisierung spielt bei der Vermittlung mit Merkfaktor eine herausragende Bedeutung. Die Gestaltung und Aufbereitung der Visualisierungshilfsmittel erfordert allerdings sowohl pädagogisches als auch graphisches Geschick. Kernbotschaften müssen immer deutlich werden, vor Überladung wird gewarnt. Weiterführende Infos dazu gibt es im Kapitel 21 – Präsentationen kreieren –.

Orientierung an der Praxis

Zeigen die Fortbildungsinhalte und -methoden eine unmittelbare Anwendbarkeit für Praxis, entwickelt sich zunehmendes Interesse der Teilnehmer. Anwendung und Verwendbarkeit sind die Schlüsselbegriffe.

Zauberwort: Reduktion

Zum Schluss soll das „Zauberwort" mehrfach unterstrichen werden. Nicht die vielfach praktizierte ständige Ergänzung um „noch wichtigere" Inhalte führt zum Fortbildungserfolg sondern die Reduktion. Was bei der heutigen Veranstaltung nicht direkt zum Erreichen des Lernziels nötig ist, kann und muss weggelassen werden. Weniger ist mehr!

07
Fortbildungen gestalten

Die von Herrn Wieslhuber eingesetzte Expertenkommission erarbeitet folgende Erfolgsfaktoren und stellt sie jedem Trainer und Dozenten seiner Klinik zur Verfügung:

Eine pfiffige Einladung

Viele Fortbildungsveranstaltungen locken Zuhörer nicht direkt an. Die Kataloge, Ankündigungen und Hinweise sind oft statisch, langweilig und nichtssagend. Hier braucht es eine Neuorientierung im Bildungsmarketing. Die Ankündigung muss neugierig machen.

Klare Struktur

Wenn Fortbildungsveranstaltungen nach der Arbeitszeit stattfinden, braucht der Fortbildungsteilnehmer zu jeder Zeit der Veranstaltung einen Überblick über die Gesamtstruktur. Das hilft, die Konzentration und die Spannung aufrecht zu erhalten. Ein Fahrplan oder eine Agenda tragen immer zur Orientierung bei.

Die maximale Aktivierung

Beteiligung am Lernprozess sorgt für Akzeptanz und dauerhaften Lernerfolg. Erst wenn es gelingt, die Fortbildungsteilnehmer zur aktiven Beschäftigung mit dem Lerngegenstand zu ermutigen, kann eine Umsetzung erwartet werden. Lernen darf durchaus auch körperlich anstrengend sein.

Hervorragenden Unterlagen

Vergessen wir in diesem Zusammenhang die oft vorgelegten Handouts, die aus einer Powerpoint-Präsentation erstellt sind! Sie entbehren jeder pädagogischen Grundlage und dienen ausschließlich der Gewissensberuhigung des Dozenten. Handouts sollten mit größter Sorgfalt erstellt werden. Kürze, Übersichtlichkeit, klare Kernaussagen und Quellenangaben sind die Erfolgsfaktoren.

„More pepper – less paper!"
(Helmut Maucher, Topmanager Nestle)

Ein didaktisches Konzept

Am Beginn der Vorbereitung jeder Bildungsveranstaltung stehen Überlegungen zum Fortbildungsziel. Was soll mit dieser Veranstaltung erreicht werden? Erst danach werden Inhalte ausgewählt, die diesem Ziel dienen können. Nicht umgekehrt! Für bestimmte Inhalte eignen sich immer bestimmte Methoden. Werden praktische Handlungsempfehlungen ausschließlich theoretisch vermittelt, wie dies oft zu beobachten ist, folgen Fehler in der Praxis. Die Umsetzung ist erschwert und der Erfolg dadurch reduziert. Nicht umsonst werden die Methoden als Spediteure des Inhalts bezeichnet. Der bedeutsamste und ausschlaggebende Faktor einer erfolgreichen Fortbildungsveranstaltung ist jedoch die Interaktion. Gelingt es dem Experten, die Teilnehmer durch Einbeziehung und Wertschätzung zu gewinnen, entwickeln sich Zustimmung und Umsetzungsbereitschaft. Dieses didaktische Konzept sollte in einem innerbetrieblichen Trainingsprogramm allen Referenten und Experten vermittelt werden.

„Der Weg ins Hirn
führt durch das Herz!"

Die nachfolgende Darstellung soll jetzt kein weiteres pädagogisches Erfolgsrezept sein, aber dennoch eine beachtenswerte Anregung. Aus dem CONZEPTUM, dem berühmten Notizbuch des noch berühmter werdenden Herrn Wieslhuber, ist folgende Formel entnommen:

$$\frac{\text{Anzahl der Personen} + \text{Dauer der Vorstellung} + \text{Raumtemperatur}}{\text{Laune des Dozenten}} = \text{Grad der Aufmerksamkeit}$$

Gruppen moderieren

inführunggehen.com

08
Gruppen moderieren

Zum wiederholten Male erfährt Herr Wieslhuber erst davon, als es schon zu spät ist. Die Unstimmigkeiten unter den Mitarbeitern der Lohnbuchhaltung haben dazu geführt, dass neben gegenseitigen Beschuldigungen zu den eingegangenen Beschwerden auch noch persönliche Diffamierungen bezüglich einiger unbedachter Äußerungen gekommen sind. Diese und weitere Geschichten werden nach außen getragen und sorgen bereits in verschiedenen Abteilungen der Klinik für Gesprächsstoff. Wie in diesen Fällen üblich, treten bei länger dauernden Konflikten persönliche Verletzungen auf, die oft jahrelang nicht wiedergutzumachen sind. Um hier schnell einzugreifen, was auch die Aufgabe der Abteilungsleitung wäre, ihr allerdings aufgrund der momentanen Arbeitsüberlastung nicht gelingt, beschließt Herr Wieslhuber, seine Kenntnisse über Mediation auszupacken, und bietet sich als Moderator der Gruppenbesprechung an. In bester Absicht das Falsche getan -, wie er im Nachhinein feststellen muss. Er weiß nun auch, dass er dies in Zukunft einer anderen Person überlassen wird. Nicht, dass ihm die Aufgabe misslungen wäre, aber warum muss er sich immer um alles persönlich kümmern...

Moderationsauftrag einholen

Mit dem Einholen des Moderationsauftrages werden die Bedingungen für die Moderation vereinbart. Der Auftrag klärt die Zuständigkeiten, die zu erwartenden Ergebnisse und die Verantwortungen. Zur Fixierung dieses Auftrags ist größte Sorgfalt und Vorbereitung nötig. Er entscheidet oft über die Ergebnisse der Besprechung.

Eine Moderationsmethode empfehlen

Viele zu moderierende Personengruppen kennen die Wirksamkeit bestimmter Moderationsmethoden nicht oder halten den Einsatz dieser Methoden für einen zeitraubenden Umweg. Deshalb bedarf es einer kurzen Vorstellung der vom Moderator gewählten Methode und dann auch der Zustimmung der Gruppe. Erst danach kann eine effektive Besprechung starten. Anfängliche Vorbehalte gegenüber den methodischen Variationen weichen oft einem Wunsch nach Wiederholung.

Beiträge sammeln und sortieren

Ohne inhaltliche Beteiligung und Bewertung durch den Moderator werden die Beiträge der Beteiligten gesammelt, sortiert und zusammengefasst. Nicht eindeutige Aussagen müssen hinterfragt und geklärt werden. Erst wenn eine große Anzahl von Meinungen vorliegt, kann mit der Bearbeitung begonnen werden.

Die Zeit im Auge behalten

Zeitmanagement gelingt in diesem Zusammenhang am besten durch gute Visualisierung, z. B. mit Hilfe einer Moderationswand. Bei kleineren Gruppen kann diese Visualisierung auch am Tisch erfolgen. Sie verhindert unnötige Wiederholungen und Doppelungen.

Ergebnisse zusammenfassen

Für die Sicherung der Ergebnisse ist der Moderator oder eine von ihm beauftragte Person zuständig. Dies kann mit Hilfe einer Fotodokumentation oder eines Protokolls geschehen. Die Teilnehmer werden am Ende persönlich mit einer Anerkennung ihrer Beteiligung verabschiedet .

08
Gruppen moderieren

Moderationsmethoden, die visualisierende Hilfen nutzen, sind äußerst einfach zu erlernen und sofort in die Tat umzusetzen. Auch weiterführende Literatur zu diesem Thema ist leicht zu finden. Herr Wieslhuber empfiehlt das Training in „sicherer" Umgebung.

Die Kartenabfrage

Alle Besprechungsteilnehmer erhalten eine bestimmte Anzahl Moderationskarten und einen geeigneten, dick schreibenden Stift. Nach kurzer Erklärung der Methode (je Karte ein Begriff) wird die thematische Aufgabenstellung mit klarem Auftrag vorgestellt und die dafür vorgesehene Zeit festgelegt. Die Karten werden gesammelt, nach Kriterien sortiert und besprochen. Die damit in kurzer Zeit gewonnene Ideenvielfalt verblüfft viele Besprechungsteilnehmer.

Der Themenspeicher

Auf einem großen Plakat werden zu einer konkreten Fragestellung entweder Ideen, Probleme, Möglichkeiten oder Lösungen gesammelt und untereinander notiert. Diese Liste zeigt die gesamte Vielfalt und wird zunächst nicht diskutiert. Mit je zwei Klebepunkten können die Teilnehmer nun ihre Besprechungsfavoriten markieren. Meist ergibt sich hier eine eindeutige Priorität, die eine Vernachlässigung bestimmter Punkte erlaubt.

Das Zwei-Felder-Schema

Die Gegenüberstellung z. B. von Vor- und Nachteilen oder von Problemen und Lösungen erfolgt wieder auf einem großen Plakat. Alle in der Besprechung genannten Punkte werden aufgeführt und erst im Anschluss diskutiert. Manche Punkte neutralisieren sich, andere erhalten eine neue Gewichtung. Dies ist eine sehr effektive und zeitsparende Methode.

Wenn Herr Wieslhuber einen Moderator oder sogenannten Mediator zur Moderation einer Gruppe oder eines Teams engagiert, ist er sehr erfreut, wenn sich dieser an die beschriebenen Grundsätze hält.

> „Wir fangen langsam an,
> damit wir schneller fertig werden."

Die Moderation einer Besprechung benötigt eine gewisse Eleganz und Leichtigkeit. Damit entsteht Vertrauen in den Moderator und Zuversicht in die zu erzielenden Ergebnisse. Gleichermaßen nehmen Vorbehalte und Spannungen ab. Dieses Führungsinstrument kann wunderbar mit dem Instrument 12 – Menschen überzeugen – kombiniert werden. Freuen Sie sich auf die Lektüre dieses Kapitels.

09 Informationen steuern

inführunggehen.com

09
Informationen steuern

Gerade weil die Nachricht über eine geplante Zusammenlegung der beiden Kliniken mit dem Zusatz „vertraulich" versehen war, hatte sie sich besonders schnell verbreitet. Neben die tatsächlich bekannten und genannten Faktoren gesellten sich bereits im Laufe des ersten Tages mehrere ausschmückende Ergänzungen mit positivem, meist jedoch negativem Tenor. In diesem Zusammenhang gingen natürlicherweise eine Reihe bedeutsamer Informationen verloren, die auf weniger spektakulärem „Transportmittel" an die Abteilungen versandt wurden. Dies hatte wiederum zur Folge, dass einige Termine missachtet, Fristen versäumt und sogar bestimmte Patienten nicht einbestellt wurden. Herr Wieslhuber konnte in diesem Fall nicht eine Person dafür verantwortlich machen, sondern musste eingestehen, dass das gesamte Vorhaben von Anfang an mit zu wenig Strategie und Sorgfalt durchgeführt worden war. Allerdings gibt ihm dieses Beispiel Gelegenheit, sich grundsätzlich mit der Informationspolitik in seiner Klinik zu befassen.

Bei dieser Gelegenheit beobachtet er an den nächsten beiden Tagen seine unmittelbare Arbeitsumgebung. Dabei entdeckt er eine Angewohnheit seiner nächsten Umgebung, ihn persönlich mit möglichst vielen Informationen zu versorgen. Diese oft nutzlosen Informationen kosten Zeit und Aufmerksamkeit. Er will ab sofort dafür sorgen, dass seine Sekretärin Frau Schwarz und seine Assistentin Frau Wolf sich in nächster Zeit verstärkt an die folgenden Maßnahmen halten. Dafür wird in der kommenden Woche ein Masterplan mit Beispielen erarbeitet.

Die verständliche Darstellung

Je nach Art, Wirkungserwartung und Verbreitungsabsicht werden die Informationen in bestimmten Formen vermittelt. Bei einigen Anlässen ist es geboten, für eine persönliche, mündliche Übermittlung zu sorgen, für andere Gelegenheiten ist der Formbrief ein geeignetes Instrument.

Ausschließlich Aktualität

Nichts verwirrt Mitarbeiter mehr als alte Informationen, die plötzlich irgendwo auftauchen und jeder Wahrnehmungsnotwendigkeit entbehren. Aussortieren, archivieren oder entsorgen ist die Devise. In jeder Abteilung wird eine verantwortliche Person bestimmt, die eine entsprechende Aktualisierung von Informationen durchführt.

Anwendung des Eisenhower-Prinzips

Herr Wieslhuber empfiehlt den engsten Personen seines Führungskreises, Informationen für ein paar Tage nach dem Prinzip „dringlich u/o wichtig" zu ordnen. Dabei stellt sich heraus, dass gerade unbedeutende Informationen als besonders wichtig gekennzeichnet werden und in allen Verteilern landen. An die wichtigen Informationen zu gelangen, stellt sich als wesentlich aufwendiger dar.

Verantwortung der Mitarbeiter

Herr Wieslhuber verkündet bei verschiedenen Anlässen, dass jeder Mitarbeiter verpflichtet ist, sich die nötigen Informationen zur Erledigung seiner Aufgabenstellung selbständig zu besorgen. Die beliebte Ausrede „Das hat mir niemand gesagt" gilt ab sofort nicht mehr.

Das Archiv zugänglich halten

Die Dokumentation und Ablage von Informationen ist übersichtlich zu organisieren. Informationsprozesse müssen nachvollziehbar und rekonstruierbar sowie klar strukturiert und zugänglich sein.

09
Informationen steuern

In seinem CONCEPTUM findet Herr Wieslhuber folgende Aufzeichnungen zu diesem Führungsinstrument aus den verschiedenen Fortbildungsveranstaltungen:

Die Verantwortlichkeit festlegen

Wenn Zuständigkeiten und Verantwortlichkeiten in allen Abteilungen festgelegt sind, erreichen die richtigen Informationen die richtigen Personen. Andere Mitarbeiter werden dadurch nicht belästigt und tragen keine Verantwortung für die Informationsweitergabe, was für sie eine erhebliche Entlastung und die Möglichkeit, sich auf ihre Kernaufgaben zu konzentrieren, zur Folge hat.

Nach Priorität kennzeichnen

Der jeweilige Zuständigkeitsbereich trägt dann die Verantwortung, alle eingehenden Informationen nach Priorität zuordnen und zu kennzeichnen. Nur das entspricht den Anforderungen eines intelligenten Informationsmanagements.

Für die Teambesprechung aufbereiten

Wie können nun die notwenigen Informationen für eine organisierte Weitergabe aufbereitet werden? Herr Wieslhuber verkürzt Besprechungen dadurch, dass er alle nötigen Informationen in einem von ihm benannten **Info-Handout** darstellt und den Teilnehmern einen Tag vor der jeweiligen Besprechung aushändigt.

Durch die Leitung kontrollieren

In einem Zeitrahmen von vier bis acht Wochen werden bestimmte Informationen aussortiert und überprüft, ob die Mitarbeiter sie kennen und umsetzen. Je mehr die Führungskraft die Verantwortung für systematisches Informationsmanagement übernimmt, umso besser wird es funktionieren.

„Information
ist wie Sauerstoff für die Mitarbeiter –
auf die Dosis kommt es an!"

Auf beiden Seiten lauern Gefahren. Zu wenig oder zu spät erteilte Informationen haben ebenso negative Konsequenzen wie eine Überladung einzelner Mitarbeiter mit nicht relevanten Informationen.

Zur innerbetrieblichen Transfersicherung extern gewonnener Informationen führt Herr Wieslhuber verbindlich die schlaue Stunde ein. Jeder (und das bedeutet hier auch wirklich jeder) Mitarbeiter, der an einer externen Fortbildung, an einem Kongress oder einer anderen Veranstaltung teilgenommen hat, ist verpflichtet, seine Erkenntnisse in einer sogenannten schlauen Stunde, die manchmal nur 15 Minuten dauert, aber wöchentlich in allen Abteilungen stattfindet, zu präsentieren.

Konflikte meistern

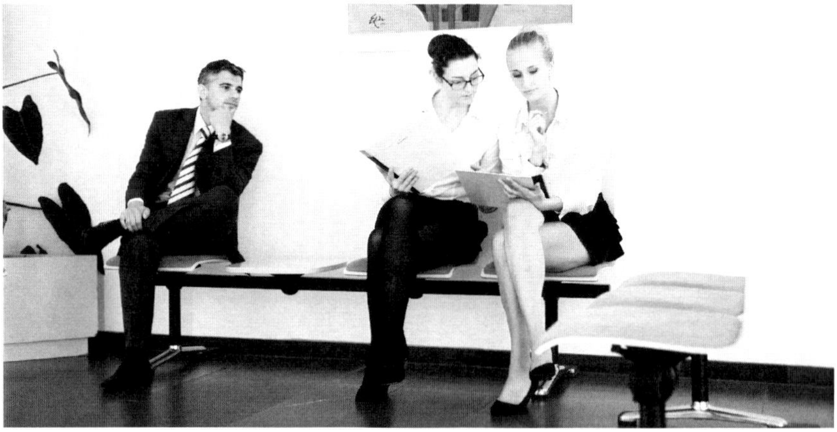

10
Konflikte meistern

„Wir entlassen die Hebammen in die Freiheit" so nannte Herr Wieslhuber den Prozess, die angestellten Hebammen in die Freiberuflichkeit zu schicken. Das entwickelte sich zu einer Konfliktspirale in bisher nicht dagewesenem Ausmaß. Aber der Reihe nach.

Herr Wieslhuber hat nach vielen Gesprächen mit den seit mehr als zehn Jahren an der Klinik angestellten Hebammen und wegen der seit einiger Zeit rückläufigen Geburtenzahlen keine Notwendigkeit mehr gesehen, diese weiterhin als Angestellte der Klinik zu beschäftigen. Eines Tages – oder besser Nachts – entwickelt er die Idee, die Hebammen aus dem Angestelltenverhältnis zu entlassen. Er bietet den sechs angestellten Personen an, sich zu verselbständigen und als Kooperationspartner mit der Klinik zu arbeiten. Dieses Angebot wird zunächst äußerst kritisch und ablehnend betrachtet, das Engagement der Mitarbeiter geht deutlich zurück, der persönliche Einsatz bezieht sich ausschließlich auf die unmittelbare Zuständigkeit. Sogar die Dokumentation wird oberflächlicher, und die nötigen Absprachen zur Übergabe der Schwangeren von einer zur anderen Hebamme enthalten zunehmend Defizite. Nach Prüfung aller arbeitsrechtlichen Belange und nach eingehender Beratung mit den entsprechenden Experten verschärft sich die Lage bis zum unerwarteten Krankheitsausfall von drei der sechs Hebammen. Erst nachdem Herr Wieslhuber den Betroffenen vier Wochen später ein Darlehen zur Unternehmungsgründung in nicht unbeträchtlicher Höhe angeboten hatte, kam die Wende.

Mut entwickeln

Zur Bearbeitung und zur Lösung von Konflikten gehört immer eine Portion Mut. Dieser Mut entwickelt sich mit bestandenen Situationen. Die Devise lautet also: „Nicht warten, sondern handeln".

Die Auseinandersetzung in der Sache

Wir müssen uns der Tatsache bewusst sein, dass Konflikte meist einer unterschiedlichen Sichtweise derselben Sache entspringen. Sie eskalieren oder verhärten sich, sobald eine Konfliktpartei ihr eigenes Interesse im vollen Bewusstsein des anderen Interesses unbedingt durchgesetzt sehen will. Wenn dann noch persönliche Befindlichkeiten hinkommen, wird eine einvernehmliche Lösung ziemlich schwierig.

Betroffenheit in Kauf nehmen

Oft kann der Konflikt- oder Interessensgegner die Sach- und Beziehungsebene nicht unterscheiden. Dies führt zu persönlichen offenen oder verdeckten Angriffen oder Vorwürfen gegenüber der Führungskraft. Wenigstens sie sollte die Ebenen strikt getrennt halten.

Zielstrebig vorgehen

Die Strategie in Konfliktsituationen heißt: Möglichst schnell und direkt mit den Betroffenen reden und dabei die eigene Befindlichkeit mitteilen. Es geht niemals darum, Schuldige zu identifizieren, sondern Lösungen zu suchen. Dabei ist natürlich der Blick in die Zukunft wichtiger als der in die Vergangenheit.

Vereinbarungen erarbeiten

Auch wenn die ideale Lösung nicht erarbeitet werden kann – aus welchen Gründen auch immer –, benötigt eine Konfliktbesprechung zum Abschluss immer eine Vereinbarung. Auf dieser Grundlage kann in der nächsten Zeit die gemeinsame Arbeit werden.

10
Konflikte meistern

Den Konfliktpartner direkt ansprechen

Herr Wieslhuber behauptet gerne, dass er oft den ersten Schritt tut. Beobachter versichern, dass ihm das nicht immer gelingt. Wer jedoch den ersten Schritt macht, ist im Vorteil. Er wählt Zeitpunkt und Gelegenheit, kann sich vorbereiten und die Strategie festlegen. Es ist immer hilfreich, den Konfliktpartner direkt anzusprechen und die eigene Position klar und ruhig darzulegen.

Fragen stellen

Wie bereits im Kapitel 06 – Fragen stellen – dargestellt, öffnet dieses Vorgehen den Zugang zum Konfliktpartner. Es signalisiert Interesse und zeigt die Wertschätzung der anderen Meinung. Möglicherweise kann dadurch eine Lösungsvariante erarbeitet werden, die am Beginn des Konfliktes nicht denkbar gewesen wäre.

Position beziehen

All zu oft enden Konflikte, nach Einschätzung des besorgten Herrn Wieslhubers, in faulen Kompromissen. Gute Kompromisse, d.h. akzeptable Lösungen, die ausreichend besprochen und denen dann auch von den beteiligten Personen oder Interessensvertretern zugestimmt wird, sind die Ausnahme. Sie erfordern in der Regel die Bereitschaft zu einem hohen Kommunikationsaufwand bei mehrmaligen Treffen oder Telefonaten und die Größe, sich nicht in allen Dingen immer durchsetzen zu müssen.

Relativität herstellen

Immer geht es auch darum, den zu kritisierenden Sachverhalt in den Gesamtzusammenhang zu stellen. Was schätze ich an diesem Mitarbeiter, unabhängig von der aktuellen Auseinandersetzung. Welche Probleme habe ich mit diesem Mitarbeiter in der Vergangenheit bereits gemeistert? Durch was zeichnet sich der Konfliktpartner in anderen Dingen aus?

Zum Ausgleich besonders konfliktgeladener Tage sorgt Herr Wieslhuber für die humorvolle Unterhaltung. Er besucht regelmäßig im Lustspielhaus die dort angebotenen Kabarettveranstaltungen und lacht dabei aus vollem Herzen nach dem Motto:

„Humor ist der Knopf,
der verhindert,
dass uns der Kragen platzt".

Oft denkt Herr Wieslhuber an die Bemerkung seines Coaches:

„Lieber unbeliebt,
als unbekannt!"

Hier ist er sich nicht sicher, inwieweit er diese Empfehlung ernst nehmen soll. Irgendwie gefällt sie ihm dennoch.

„Kompromisse
machen aus Konflikten
chronische Krankheiten"
J. W. von Goethe (deut. Dichter)

Kritik äußern

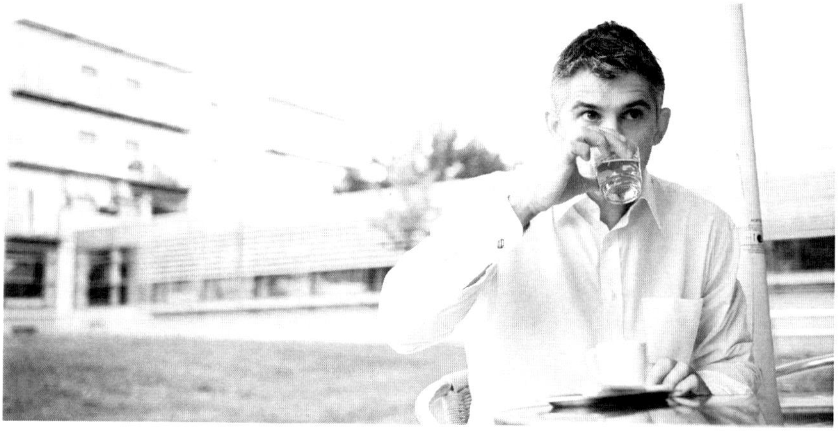

11
Kritik äußern

Dr. Oskar Schwarzmüller liebt es nicht, von der leitenden OP-Schwester darauf hingewiesen zu werden, dass zur Durchführung dieses Eingriffs üblicherweise – und so sei es ja auch im Handbuch festgehalten – zwei Assistenten notwendig und üblich seien. Der Chefarzt der Chirurgie nimmt allerhöchstens im fortgeschrittenen Verlauf der OP wahr, dass jetzt offensichtlich eine Hand fehlt. Er erfindet in diesen Fällen gerne bis dahin noch nie praktizierte Operationstechniken, die allen Beteiligten akrobatische Bewegungen und äußerste Flexibilität abverlangt, und schreitet, nach selbstverständlich gelungenem Verlauf, üblicherweise zur nächsten Tat. Doch dieses eine Mal war plötzlich alles ganz anders. Die Anatomie, die kurzen – zu kurzen – Instrumente, die Ungeschicklichkeit des Assistenten, die Hilflosigkeit der Instrumentierschwester ...

Alle Entschuldigungen halfen nichts. Er musste die Verantwortung übernehmen. Kurz dachte er noch an ein Gespräch zur Beratung und Erörterung des Vorfalls mit den anwesenden Personen, verwarf den Gedanken jedoch sofort wieder und ging auf dem kürzesten Weg über die Außentreppe direkt ins Büro des Geschäftsführers.

Herr Wieslhuber bevorzugt die nachfolgend dargestellte Vorgehensweise, die er schon vielfach erfolgreich praktiziert hat. Dabei hält er sich strikt an die Fünf-Schritte-Regel, von der er behauptet, dass sie von ihm erfunden sein könnte:

Schritt 1: Der Sachverhalt

Zunächst wird klar und unmissverständlich der Kritikpunkt geäußert. Diese Ich-Botschaft bringt keinen Vorwurf zum Ausdruck, wie es Du-Botschaften gerne tun, sondern macht eine Feststellung. Ich-Botschaften beginnen üblicherweise mit: „Ich habe bemerkt,..", „Mir ist aufgefallen,..".

Schritt 2: Die Bedeutung

Erst im zweiten Satz bekommt diese Sachinformation eine persönliche Bedeutung und Zusatzinformation zum Schweregrad des Vergehens: „... und darüber bin ich sehr verärgert" oder „... und darüber bin ich sehr enttäuscht".

Schritt 3: Die notwendige Anerkennung

Nun nimmt das Gespräch für den Kritisierten eine erstaunliche Entwicklung. Das „Vergehen" wird nun in einen Gesamtzusammenhang gesetzt und dabei werden Relationen deutlich: „Ich schätze an Ihnen die Genauigkeit, mit der Sie vergleichbare Aufgaben lösen" oder „Ich bin mit Ihrer Arbeitsweise und Ihren Arbeitergebnissen in dem oder jenen Bereich durchaus sehr zufrieden". Diese Vorgehensweise soll erreichen, dass eine konstruktive Wendung herbeigeführt wird und sich eine Bereitschaft zur Verhaltensänderung entwickelt.

Schritt 4: Die entscheidenden Fragen

„Vorschläge sind auch Schläge", zitiert Herr Wieslhuber gerne aus seinem Führungshandbuch. Außerdem folgen Menschen nicht gerne den gut gemeinten Empfehlungen von Vorgesetzten. Deshalb wird der Mitarbeiter gefragt, welche Lösung er sich vorstellen kann oder welchen Beitrag er leisten kann, damit das Problem nicht nochmals auftritt.

Schritt 5: Die Vereinbarung

Am Ende eines in dieser Art geführten Gespräches steht eine Vereinbarung: „Was machen wir jetzt damit?", oder „Wie geht's weiter?" oder „Abgemacht!" oder „Ich verlasse mich auf Sie!"

Kritik äußern

Immer unter vier Augen

Herr Wieslhuber führt solche Gespräche immer unter vier Augen. Der Gesprächspartner muss das Gesicht wahren können, und entsprechende Erklärungen bleiben unter den Gesprächspartnern. Für beide Parteien hat es verheerende Folgen, wenn diese Art der Auseinandersetzung öffentlich ausgetragen wird, was leider oft genug geschieht. Die Zeit für eine kurze Intervention: „Kann ich Sie bitte unter vier Augen sprechen?" muss sein.

Am besten sofort

Wenn es die Emotionen zulassen – und das sollten sie unter dem Anspruch professioneller Führung – müssen Kritikgespräche unmittelbar im Anschluss an das Vorkommnis geführt werden. Manchmal stehen Sachaufgaben wie z. B. eine laufende Operation dagegen, was jedoch eine zeitnahe Lösung nicht ausschließt.

Relation und Bedeutung

Im Gesamtzusammenhang betrachtet, relativiert sich manch kritischer Sachverhalt nach wenigen Minuten. Oft ist es auch der letzte Tropfen, der das Glas zum Überlaufen bringt. Hier hilft eine interkollegiale Beratung mit einer Vertrauensperson (nicht jedoch mit der nächstbesten Person).

Die Lösungsorientierung

Lösungen werden gerne dadurch behindert, dass problem- oder konfliktorientiert gesprochen wird. Immer wieder kommt es zur Nennung der Unstimmigkeit oder der Kränkung. Wenden wir uns, sobald es nur möglich ist, der Lösung zu.

Ein sehr persönliches Anliegen möchte Her Wieslhuber den Lesern an dieser Stelle nicht vorenthalten.

Nicht nachtragend sein

Ausgestanden ist ausgestanden. Neues Spiel, neues Glück. Wer nachtragend ist, dem werden die Konflikte selber nachgetragen. Ein Handschlag beschließt die Auseinandersetzung bestens. Außerdem behauptet Herr Wieslhuber bei passender Gelegenheit,

„dass nur der Mitarbeiter keine Fehler macht,
der an etwas arbeitet,
was nicht schwierig genug ist.
Und das ist der größte Fehler!"

Sehr beeindruckt hat ihn auch ein Leitsatz aus seinem Studium:

„Schwache Führungskräfte
suchen einen Schuldigen,
starke eine Lösung"

Der Mut zur zeitnahen Kritikbesprechung wird meist belohnt. Eins sollte allen Führungskräften immer klar sein:

„Nur wenn man sich zusammensetzt,
kann man sich richtig auseinandersetzen!"

Leistungen bewerten

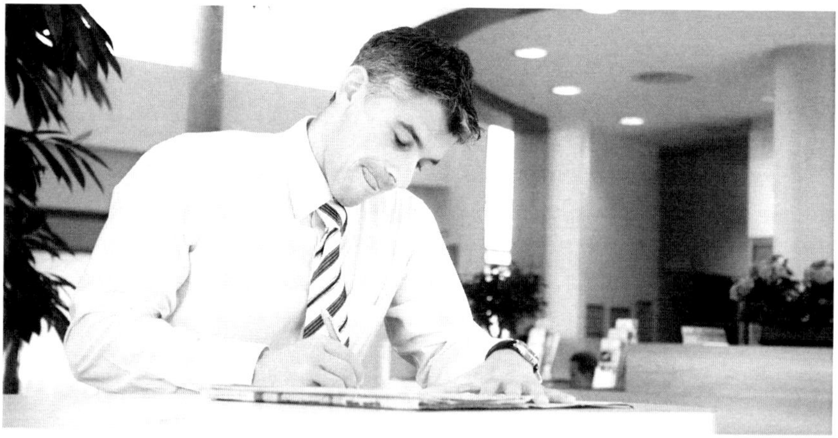

12
Leistungen bewerten

Seit geraumer Zeit kann Herr Wieslhuber (und mit ihm auch viele weitere Personen) beobachten, wie zwei konkurrierende Fachabteilungen immer wieder versuchen, besser dazustehen als die andere. Das zeigt sich in einfachen, herablassenden Äußerungen über die Leistung der anderen Abteilung und auch in der besonderen Hervorhebung einzelner Qualitätsmerkmale der eigenen Abteilung. Auch bei den Zertifizierungsaktivitäten versucht man sich gegenseitig zu übertreffen. Zunächst beobachtet Herr Wieslhuber das Geschehen amüsiert und schmunzelt: „Lieber zwei Rennpferde als zwei Esel."

Als die Auseinandersetzungen jedoch auf eine zunehmend öffentliche Plattform gebracht werden, fühlt sich Herr Wieslhuber aufgefordert, einzugreifen. Er beschließt, eine Form der Leistungsbewertung zu konstruieren, und benötigt dazu sowohl einige ausgewählte interne Mitarbeiter aus verschiedenen Abteilungen als auch einen externen Berater.

Leistungsmaßstäbe festlegen

Eine Bewertung der Leistung von Abteilungen oder einzelnen Personen lässt sich ohne die Definition der Maßstäbe nicht durchführen. Neben Quantitätsmaßstäben, z. B. Anzahl der Operationen im Vergleichszeitraum, können auch Qualitätsmaßstäbe z. B. Anzahl und Art der Beschwerden im Vergleichszeitraum, definiert werden.

Qualifikation einbeziehen

Leistung ist in seiner Qualität meist abhängig von Qualifikation. Deshalb ist vor allem bei vergleichenden Bewertungen eine genaue Qualifikationsanalyse der beteiligten Personen nötig. Erfüllt die Personalausstattung und die Qualifikation der Personen die Anforderungen des Unternehmens?

Handicaps berücksichtigen

Nicht missverstanden werden darf die klare Ausschau nach sogenannten Handicaps wie Unerfahrenheit, hohes Durchschnittsalter, körperliche Einschränkung, vorübergehende Beeinträchtigung etc. Oft ist zu beobachten, dass bestimmte Abteilungen durch das in einem bestimmten Zeitraum gehäufte Auftreten von Handicaps ihrer Mitarbeiter sehr belastet sind.

Beobachtungen regelmäßig durchführen

Leistungsbewertungen auf eine einmalige Beobachtung zu beziehen verzerrt das Bild und erscheint nicht gerechtfertigt. Die Leistungsbeobachtungen oder -messungen sollten in regelmäßigen Zeitabständen wiederholt und entsprechend interpretiert werden. Dadurch sind Entwicklungen zu beobachten und mit den Rahmenbedingungen zu vergleichen.

Die Zielvereinbarung erneuern

Leistungsbewertungen erzwingen zwei Konsequenzen. Entweder werden die Rahmenbedingungen der Leistungserbringung angepasst oder die individuellen Zielvereinbarungen mit einzelnen Personen oder Personengruppen überarbeitet.

12
Leistungen bewerten

Informationen liefern

Vor jeder Leistungsbewertung werden die entsprechenden Abteilungen oder Personen informiert. Eine verdeckte Beobachtung entspricht nicht dem Gebot der Fairness. Die Mitarbeiter der Abteilungen sollten informiert sein, welchem Zweck die Leistungsbewertung dient und welche Konsequenzen daraus folgen können. Führungskräfte sollten immer die positive Wirkung dieser Leistungsbeurteilung für das Unternehmen und die Mitarbeiter herausheben.

Erkundigungen einholen

In jeder Abteilung stehen Fachkräfte wie Praxisanleiter zur Verfügung, die aufgrund ihrer Erfahrung und Ausbildung sehr qualifiziert Auskunft über die Leistungen einzelner Personen und Abteilungen geben können. Erkundigungen bei diesen Personen können genutzt werden, sollten aber eine persönliche Beobachtung der Führungskraft nicht ersetzen.

Eigene Beobachtungen machen

Jede Leistungsbewertung erfordert eine persönliche Beobachtung der Prozesse und Ausführungen durch die Führungskraft. Mitarbeit oder Aufenthalt im jeweiligen Bereich über einen angemessenen Zeitraum unterstützt die Akzeptanz. Als Herr Wieslhuber einen halben Tag in der Abteilung Patientenaufnahme verbrachte, konnte er neben der klaren Beobachtung der Leistung noch Verbesserungsideen aufnehmen und das Abteilungsklima unterstützen.

Konsequenzen festlegen

Leistungsbewertungen ohne Konsequenzen werden von den Mitarbeitern als Arbeitsbeschaffungsmaßnahme für Führungskräfte gesehen. Auswirkungen auf den Stellenplan müssen transparent und ausführlich besprochen werden.

Herr Wieslhuber lebt nach der Devise:

„Das Beste für mich ist,
wenn ich das Beste gebe!"

Deshalb wird er nicht müde, immer wieder neue Ideen zu entwickeln, Menschen zu begeistern und damit für Erfolge zu sorgen. Oft sagt er:

„Wer Spaß hat an dem,
was er tut,
muss nie mehr arbeiten."

Wahrscheinlich ist das ein Satz aus seinem Führungshandbuch, das er immer mal wieder aufschlägt.

Menschen überzeugen

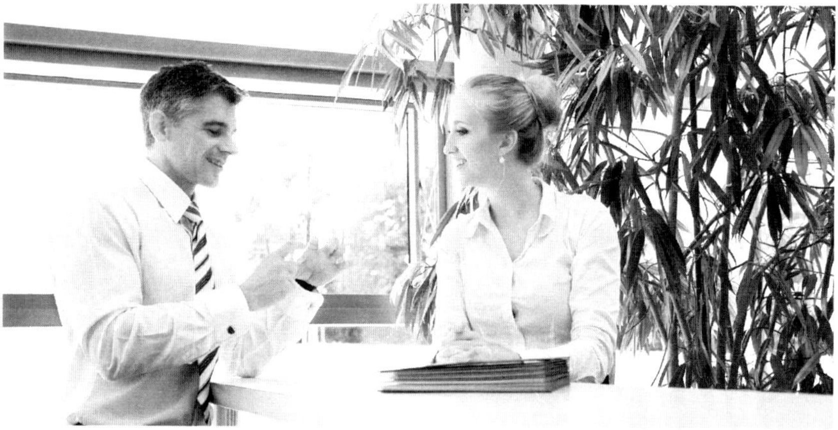

13
Menschen überzeugen

Verblüffend einfach, denkt Herr Wieslhuber, als Frau Schüssler-Busch loslegt und dabei nahezu für jeden Konferenzteilnehmer ein individuell zugeschnittenes Argument aus dem Ärmel (oder besser aus dem Notizblock) zaubert. Im Vorfeld gab es mindestens drei Lager, ja sogar mehrere verschiedene Positionen im Zustimmungs- oder besser Ablehnungsgrad, viele Gerüchte und genauso viele jeder Wahrheit entbehrende Vermutungen. Überwachung, Miss-trauen, Ausbeutung u. ä. waren zu dieser Zeit die meist gebrauchten Vokabeln, wenn es um das Thema Einführung der Zeiterfassung ging. Oft wurden der Stimmung wegen zum Teil gänzlich unpassende Begriffe verwendet: Time Control, Big Brother etc.

Frau Schüssler-Busch beeindruckt Herrn Wieslhuber mit dieser Lektion in Menschenkenntnis, verbunden mit kommunikativer Strategie, sehr. Üblicherweise erfindet er selbst die „Bringer", wie er gerne die besonders in der Praxis wirkenden Managementüberlegungen nennt. Dieses Mal kann er live beobachten, wie Frau Schüssler-Busch mit geschickter Fragestellung jeden Konferenzteilnehmer um eine kurze Stellungnahme bittet, alle auch ausreden lässt, sich dabei Notizen macht, um anschließend in aller Seelenruhe auf jeden einzelnen persönlich einzugehen und dabei für die Mehrheit der Konferenzteilnehmer offensichtlich den Weg durchs Herz in den Verstand zu ebnen. Vielen sieht man die Bewegung geradezu an. Der Widerstand gegen die Einführung der Zeiterfassung ist am Ende der Konferenz nicht mehr ganz so deutlich, die Unentschlossenheit ebenso und die Zustimmung ist sogar merklich gestiegen.

Herr Wieslhuber notiert in seinem CONCEPTUM: „Sanfte Führung" und versäumt es dennoch zum wiederholten Male, eine geschickte Mitarbeiterin für deren Leistung anzuerkennen. Er nimmt sich vor, gleich heute Abend das erste Kapitel in seinem Führungshandbuch nochmal zu lesen.

Auf die Bewegung kommt es an

Wir können nicht davon ausgehen, dass die vorgebrachten Ideen oder Entscheidungen von allen Beteiligten gleichermaßen befürwortet werden. Es wird immer Personen mit Vorbehalten geben. Auch mit Unverständnis ist zu rechnen. Wenn es gelingt, ein Klima herzustellen, in dem Bewegung möglich ist, ist alles andere auch möglich.

Herr Wieslhuber behauptet in der Führungskonferenz:

„Wenn der eine Mitarbeiter nicht mehr so ganz dagegen ist, der andere aber bereits etwas dafür, hat sich die Strategie bewährt."

Zur Darstellung der Ausgangslage hat er eine Übersicht entwickelt, die er **Entscheidungs-Korridor** nennt:

noch dagegen	derzeit unentschlossen	schon dafür
Frau Huber	Frau Grieshaber	Herr Mühlbauer
		Herr Seibert
Herr Müller	Herr Lotter	Frau Strohmeier
	Herr Allofs	

Verzögerte Zustimmung hält oft lange

Wir kennen das Phänomen der Eigenzeit. Menschen benötigen unterschiedlich lange, um sich mit einem Sachverhalt vertraut zu machen, und manchmal dauert es einfach „seine Zeit", bis die Vorteile zu entdecken sind.

13
Menschen überzeugen

Folgendes Vorgehen hat sich in vielen Praxisversuchen, an die sich Herr Wieslhuber gerne erinnert, bewährt. Es ist allerdings von größter Bedeutung, dass bei der Durchführung der einzelnen Schritte die Disziplin eingehalten wird.

Vorstellung des Anliegens

Bevor Mitarbeiter zu einer Sache Position ergreifen können, müssen sie rechtzeitig, umfassend und ausreichend informiert sein. Dazu benötigt es eindeutige, klare und wahrhaftige Zahlen, Daten und Fakten.

Meinung aller Beteiligten

Bevor eine Diskussion zum Für und Wider beginnen kann, wird jeder Mitarbeiter aufgefordert, mit seinem heutigen Kenntnisstand Position zu beziehen und die persönliche Meinung zum Thema zu äußern. Diese Äußerungen dürfen an dieser Stelle nicht kommentiert oder gar diskutiert werden.

Persönliche Überzeugung

Allgemeine Argumente, auch wenn Sie inhaltlich sehr überzeugend sein können, bleiben dennoch allgemein. Menschen bevorzugen persönliche, für sie individuell relevante Argumente. Deshalb sollten Führungskräfte die individuellen Anliegen und Einstellungen ihrer Mitarbeiter kennen.

Passende Aufgaben

Um sich erst einmal näher mit dem Thema zu beschäftigen, können kleine Aufgaben sehr nützlich sein. Einzelne Mitarbeiter werden aufgefordert, sich z. B. mit einer Recherche oder einer Datenerhebung vertraut zu machen. Bei jenem Überzeugungsvorhaben ist es von größter Bedeutung, die Mitarbeiter in die unmittelbar nächsten Schritte aktiv einzubeziehen.

„Jedes Argument provoziert ein Gegenargument."

Wenn einer Führungskraft dies bewusst ist, wird sie nicht immer alle Argumente für ein bestimmtes Anliegen sofort in den Ring werfen. Schlagkräftige Argumente in der Hinterhand können unverhofft zum Durchbruch verhelfen.

„Erst in der Aktion
zeigt sich die Überzeugung,
nicht im Reden."

Die mündliche Zustimmung reicht oft nicht. Erst die Aktion, die Umsetzungshandlung bringt die entsprechende Akzeptanz. Erst wenn Mitarbeiter in Bewegung kommen und sich aktiv mit den Aufgaben auseinandersetzen, ist die Überzeugung wirksam.

„Jede Person will persönlich überzeugt werden."

Je individueller eine Argumentation gestaltet ist und je persönlicher die Ansprache der einzelnen Person geschieht, umso mehr entsteht die Unterstützungsbereitschaft. Wenn das in einem ersten Gespräch noch nicht möglich ist, muss ein zweites Gespräch folgen. Am besten unter vier Augen, damit der Interessensgegner nicht die Angst haben muss, sein Gesicht zu verlieren.

„Die erste Überlegung,
bevor Sie sich in Verhandlungen begeben,
ist zu wissen, was Sie tun wollen,
wenn der andere nein sagt."
Ernest Bevin (brit. Politiker)

„Es geht nicht immer darum,
besonders gute Karten zu haben,
sondern vor allem darum,
mit miserablen Karten
ein gutes Spiel zu spielen."
Robert Stevenson (brit. Schriftsteller)

14 Mitarbeiter befragen

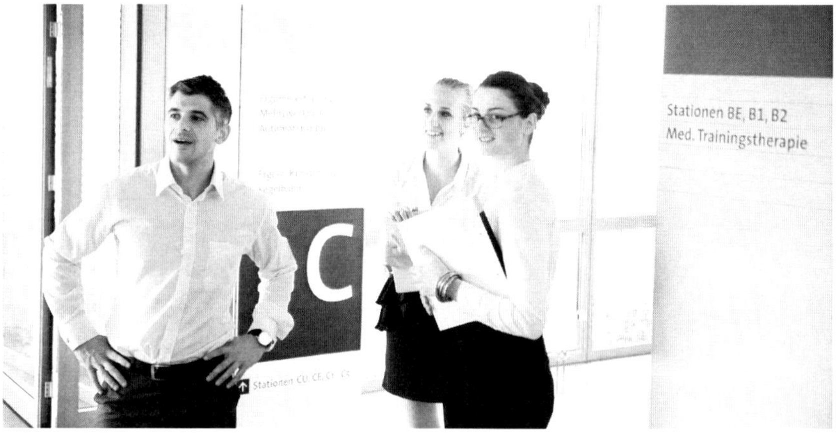
Stationen BE, B1, B2
Med. Trainingstherapie
C

14
Mitarbeiter befragen

Im Archiv der Personalabteilung entdeckt Frau Schwarz rein zufällig die Kartons mit den gesammelten Fragebögen der Mitarbeiterbefragung des vergangenen Jahres. Unter Mithilfe von Herrn Küster, der ein sehr persönliches Interesse daran zu haben scheint, werden die verschollen geglaubten Unterlagen zur Geschäftsleitung gebracht und mit unschuldiger Mine nach deren weiterer Nutzung gefragt. Herr Wieslhuber ist sehr erstaunt über die sauber sortierten und teilweise ausgewerteten Fragebögen. Noch mehr erstaunt ist er allerdings, als er erfahren muss, dass die gewonnenen Erkenntnisse ohne jede Umsetzung geblieben sind.

Er klärt sofort alle rechtlich relevanten Fragen zur Weiterverwendung der Daten und lässt die sehr hohe Anzahl der Fragebögen dann von einem externen Berater auswerten und die Ergebnisse von einer Expertengruppe vorstellen. Diese erarbeitet innerhalb der folgenden vier Wochen einen 10-Punkte-Plan der dringlichsten Empfehlungen. Herr Wieslhuber beschließt, mindestens fünf Punkte daraus innerhalb des nächsten halben Jahres umzusetzen, und kündigt das auch sofort in der nächsten Ausgabe der Klinikzeitung an.

Damit hat er die Zahl seiner Unterstützer um ein Vielfaches erhöht. Das war seine Absicht. Wer etwas erreichen will, braucht Freunde.

Notwendigkeit und Aufwand prüfen

Manche Qualitätsmanagementsysteme fordern Mitarbeiterbefragungen in regelmäßigen Abständen. Eine professionell durchgeführt Befragung darf vom Aufwand her nicht unterschätzt werden. Vorbereitung, Durchführung und Auswertung erfordern pro hundert Mitarbeiter etwa achtzig Aufwandstunden für die Projektleitung.

Mitarbeitervertretung einbeziehen

Von Beginn an sollte die Mitarbeitervertretung mit einbezogen werden. Sie hat darauf zu achten, dass Diskriminierungen oder Benachteiligungen, die aus einzelnen Fragestellungen entstehen könnten, vermieden werden. Die Praxis zeigt, dass hier oftmals sehr große Befürchtungen vorhanden sind, die sich allerdings in der Regel als unbegründet erweisen.

Gezielte Fragestellungen entwerfen

Der Schlüssel für einen Erkenntnisgewinn aus Mitarbeiterbefragungen ist die präzise Fragestellung. Der Entwurf dieser Fragen sollte in einem Workshop mit Unterstützung externer Experten geschehen. Ein großzügiger Zeitkorridor gewährt die Möglichkeit zur Präzision. Richtige Fragen bringen sinnvolle Antworten. Oft hilft auch ein sogenannter Pre-Test, um herauszufinden, ob die Fragestellungen schon ausgereift sind.

Anonymität gewährleisten

Das gesamte Prozedere, die Verteilung der Fragebögen, die Organisation des Rücklaufs sowie die Auswertung, müssen eine absolute Anonymität der einzelnen Personen gewährleisten. Selbstverständlich ist eine Abteilungscodierung möglich. Für Mitarbeiter ist es von größter Bedeutung zu wissen, dass keine Rückschlüsse zu ziehen sind auf die Beantwortung der Fragen durch die einzelne Person.

14
Mitarbeiter befragen

Durchführung organisieren

Die Befragung wird in einem begrenzten Zeitfenster stattfinden, um einen möglichst hohen Rücklauf zu gewährleisten. Eine Expertengruppe zeichnet für die gesamte Organisation verantwortlich. Versendet werden Fragebögen mit den Lohnbriefen, für die Rückgabe sind eigens dafür aufgestellte Briefkästen geeignet. Zeitgemäßer allerdings ist der Online-Fragebogen, zu dem der Mitarbeiter einen Zugangscode erhält und den er über einen Intra- oder Internetzugang ausfüllen kann. Diese Fragebögen erleichtern auch die Auswertung, da keine Übertragung der Daten mehr nötig ist.

Ergebnisse aufbereiten

Auf die Auswertung und Aufbereitung der Ergebnisse wird größte Sorgfalt gelegt. Sie muss mit den angewandten Methoden der Statistik einwandfrei durchgeführt werden. Neben der rein faktischen Auswertung ist auch eine Interpretation nötig, die unter Berücksichtigung der Befragungsumgebung stattfinden soll.

Konsequenzen ziehen

Jede Befragung zieht Konsequenzen nach sich. Entweder die Unternehmensführung zieht diese selbst, nimmt Anregungen auf und setzt einige Vorschläge um; oder die Mitarbeiter ziehen Konsequenzen, die für das Unternehmen oft nicht vorteilhaft sind. Herr Wieslhuber empfiehlt eine sogenannte ABC-Analyse, die Sofortmaßnahmen innerhalb der ersten Wochen nach der Befragung erforderlich macht, um die Befindlichkeit der Mitarbeiter zu unterstützen.

Wiederholung

Mitarbeiterbefragungen beschäftigen Mitarbeiter vor, während und nach der Befragung. Daher können sie lähmende Auswirkungen auf den gesamten Betrieb haben. Herr Wieslhuber beschließt dennoch, eine Befragung dieser Art in absehbarer Zeit zu wiederholen, da durchaus sehr nützliche Erkenntnisgewinne damit verbunden sind. Wer weiß, wie Mitarbeiter denken, kann im Sinne der Mitarbeiter entscheiden. Wer im Sinne der Mitarbeiter entscheidet, hat die beste Unterstützung.

An diesem Abend stellt Herr Wieslhuber in einem Gespräch mit seinem Coach fest, dass er früher meist acht bis neun Stunden gearbeitet hat und jetzt, wo er selbst Chef ist, elf bis zwölf Stunden arbeitet. Kurz zweifelt er, aber nicht lange, denn:

„Verantwortlich ist man nicht nur für das,
was man tut,
sondern auch für das,
was man nicht tut."
(Laotse)

Mitarbeiter beurteilen

15

100   inführunggehen.com

15
Mitarbeiter beurteilen

Erst als die Stationsleitung Frau Inderwies eine Beurteilung einer Servicemitarbeiterin ihres Bereiches anfertigen musste, wurde eine kuriose Geschichte aufgedeckt. Von ihren Mitarbeitern erhielt Frau Inderwies so unterschiedliche Informationen, dass sie annahm, die Mitarbeiterin hätte höchst unterschiedliche Tagesformen und diese in unregelmäßigem Wechsel. Einmal sehr konzentriert und gewissenhaft, am nächsten Tag wusste sie nichts mehr von dem, was ihr am Tag vorher erklärt wurde. An bestimmten Tagen war die Mitarbeiterin sehr freundlich und ausgeglichen, am folgenden Tag wieder sehr ungehalten und mürrisch. Immer erschien sie jedoch sehr gepflegt und auf ihr Äußeres bedacht zum Dienst und schminke sich auch in den Pausen nach. Die deutsche Sprache erlernte sie schnell, allerdings konnte sie auch hier einige Fachbegriffe nicht von einem Tag auf den andern anwenden. Frau Inderwies füllte den Mitarbeiterbeurteilungsbogen, der für die Probezeit bestimmt war, aus und vereinbarte mit der Mitarbeiterin einen Gesprächstermin. In diesem Gespräch ging es darum, dass die Weiterbeschäftigung in einem unbefristeten Arbeitsverhältnis gefährdet sei. Diese Tatsache beeindruckte die Mitarbeiterin so sehr, dass sie sich entschloss, die ganze Wahrheit zu sagen. Sie war mit Ihrer Zwillingsschwester nach Deutschland gekommen und nur eine von ihnen fand eine Stelle im Servicebereich der Klinik. Vom ersten Tag an teilten sich die Zwillingsschwestern diese Stelle. Sie lernten dadurch beide die Ausübung der Tätigkeiten und auch sehr schnell die deutsche Sprache. Für Frau Inderwies war nun vieles klar. Sie gab den Fall an die Pflegedirektion weiter. Herr Wieslhuber erfuhr erst in der Klinikkonferenz davon.

Folgende Empfehlungen hat Herr Wieslhuber zusammengestellt und seiner Assistentin, Frau Wolf, zu Protokoll gegeben:

Beurteilungskonzept erarbeiten

Da Kliniken doch sehr eigenständige Unternehmen sind, sollten auch individuelle Beurteilungsbögen von einer Expertengruppe erarbeitet werden. Dabei bevorzugt Herr Wieslhuber die Devise: „Kopieren geht über studieren" und bringt einige Musterbeispiele aus anderen Kliniken mit.

Beurteilungskriterien individualisieren

Für die unterschiedlichen Funktionen oder Aufgabenstellungen sollten individuelle Kriterien definiert und angepasst werden. Die verschiedenen Kompetenzbereiche benötigen eine genaue Interpretation für den Beurteiler. Vor allem für die Beurteilung von Führungskräften ist die Eingrenzung auf nachvollziehbare Kriterien dringend notwendig.

Absprache mit der Personalbvertretung

Bei diesem Führungsinstrument ist die Einbeziehung der Personalvertretung von Anfang an ratsam. Das System darf keine Unstimmigkeiten aufweisen, die eine Benachteiligung einzelner Mitarbeiter zur Folge hätte. Eine Zustimmung der Personalvertretung ist obligatorisch.

Betriebsvereinbarung

In der dringend nötigen Betriebsvereinbarung wird geklärt und festgeschrieben, zu welchem Anlass und von wem Beurteilungen von Mitarbeitern vorgenommen werden. Hier erfolgt auch eine Aussage zu den Intentionen und Konsequenzen. In der Regel werden Mitarbeiterbeurteilungen am Ende der Probezeit, als Regelbeurteilung und zur Zeugniserstellung durchgeführt. Zwischenbeurteilungen könne auf Wunsch des Mitarbeiters oder als Entscheidungshilfe von Vorgesetzten initiiert werden.

15
Mitarbeiter beurteilen

Schulung der Führungskräfte

Auch erfahrene Führungskräfte benötigen zur professionellen Durchführung der Mitarbeiterbeurteilung die entsprechenden Schulungen. Zunächst können Einschätzungen innerhalb der Beurteilungskriterien und deren Ermittlung erörtert und danach die konkrete Bearbeitung des Beurteilungsbogens geübt werden. Insbesondere sollen auch praktische Übungen zum Beurteilungsgespräch durchgeführt werden. Eine Beratung durch Experten ist angebracht.

Verfahrensanweisung beschließen

Die Zielsetzung, die Verwendung der Beurteilungsinstrumente, die Dokumentation und deren Aufbewahrung sowie weitere Absprachen sind in einer Verfahrensanweisung zu hinterlegen. Dieses Dokument benötigt in regelmäßigen Abständen eine Aktualisierung und auch eine Einbindung in das Qualitätsmanagement.

Probephase

Die Anwendung dieser Mitarbeiterbeurteilung wird zunächst auf eine Testphase begrenzt, damit einzelne Führungskräfte und Mitarbeiter Fehler korrigieren können, die bei der Erprobung entdeckt werden. Eine Wirkung kann nur erwartet werden, wenn das Instrument nach den Vorgaben in allen Abteilungen umgesetzt wird. Die in der Praxis häufig auftretende unterschiedliche Akzeptanz bei verschiedenen Berufsgruppen bedarf einer unterschiedlichen Strategie bei der Einführung. Sowohl für Mitarbeiter als auch für Führungskräfte muss ein eindeutiger Nutzen dieses Instruments erkennbar sein.

Um Mitarbeiter zur Reflexion anzuregen, verwendet Herr Wieslhuber gerne folgenden Fragenkatalog, den er dem Mitarbeiter vor dem Gespräch aushändigt, damit sich dieser vorbereiten kann:

1. Haben Sie die Ziele erreicht, die im letzten Mitarbeitergespräch vereinbart wurden?

2. Fühlen Sie sich Ihrer jetzigen Aufgabe gewachsen?

3. Welche Ihrer Fähigkeiten werden in Ihrer jetzigen Tätigkeit nicht oder zu wenig genutzt?

4. Wo möchten Sie beruflich noch gefördert werden?

5. Haben Sie die Rückmeldung und Unterstützung bekommen, die Sie brauchen, um gut arbeiten zu können?

6. Fühlen Sie sich in Ihrem jetzigen Arbeitsplatz wohl?

7. Welche beruflichen Ziele möchten Sie als nächstes erreichen?

8. Welche Maßnahmen erscheinen Ihnen zum Erreichen dieser Ziele geeignet?

16 Einarbeitung organisieren

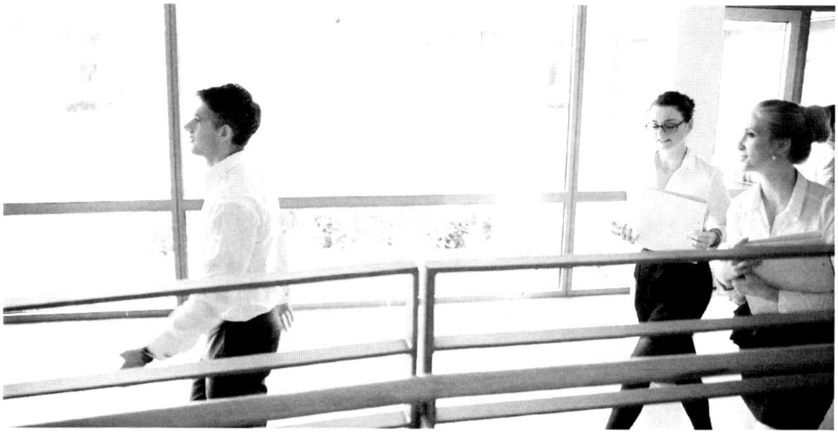

16
Einarbeitung organisieren

Die Abteilung Physiotherapie entwickelt sich seit der Neustrukturierung prächtig. Mit der Installation der Planungssoftware haben sich sowohl in der Patientenbehandlungssteuerung als auch in der Raumbelegung und der Personaldisposition neue Möglichkeiten aufgetan. Neben der Patientenzufriedenheit ist vor allem die Mitarbeiterzufriedenheit deutlich gestiegen. Eine geniale Idee war, mit der Umstrukturierung nicht nur ein Konzept zur Einarbeitung neuer Mitarbeiter zu entwickeln, sondern auch ein Konzept zur Kompetenzentwicklung der sogenannten alten Mitarbeiter. Somit konnten viele Experten sowohl als Lehrende wie auch als Lernende aktiv werden. Die Flexibilität des Teams erhöhte sich, der Dienstplan wurde wesentlich leichter gestaltbar, und die Abwechslung für einzelne Mitarbeiter nahm um ein Vielfaches zu. Insgesamt verbesserte sich die Motivation aller deutlich.

In diesem Zusammenhang entwickelte Herr Wieslhuber eine Unterstützung für neue Mitarbeiter, den **100-Tage-Überraschungsbesuch**. Exakt am 100sten Arbeitstag des neuen Mitarbeiters, also noch innerhalb der gesetzlichen Probezeit, besucht Herr Wieslhuber den neuen Mitarbeiter an dessen Arbeitsplatz. Später übernimmt dieses Ritual der jeweilige Abteilungsleiter. Dieser Besuch ist für den neuen Mitarbeiter ebenso überraschend wie für Herrn Wieslhuber aufschlussreich. Das Gespräch dauert nur wenige Minuten und hat die Befindlichkeit des neuen Mitarbeiters zum Inhalt sowie Beobachtungen, die er in den ersten Wochen gemacht hat, und endet mit einer Aufforderung zum weiteren Engagement für das Unternehmen. Herzlichen Glückwunsch!

Das Einarbeitungskonzept

Zur Einarbeitung neuer Mitarbeiter benötigt eine Organisation für jeden Aufgaben- und Zuständigkeitsbereich ein Konzept. Dieses beinhaltet in der Regel Kompetenzdefinitionen und Zeitpläne, die sich sowohl an den individuellen Kenntnissen und Erfahrungen des neuen Mitarbeiters als auch an der personalen Ausstattung der Abteilung während der Einarbeitung orientieren.

Delegation an Experten

Die Einarbeitung wird von Führungskräften an qualifizierte Mitarbeiter delegiert. Diese Personen erhalten dafür eine Zusatzqualifikation und ein entsprechendes Zeitkontingent. Sie sind verantwortlich für den Nachweis der Einarbeitung und die Information der Führungskraft über den Einarbeitungsfortschritt. Für die unterstützende Einarbeitung in Spezialgebiete ziehen diese Praxisanleiter weitere Experten hinzu.

Der Einarbeitungsfahrplan

Individuell bezogen auf die Erfahrung und Qualifikation des neuen Mitarbeiters werden Fahrpläne gestaltet und modifiziert. Sie beinhalten eine detaillierte Aufstellung der Einarbeitungsinhalte in den Zeitabschnitten der Einarbeitung (Tagespläne, Wochenpläne, Monatspläne).

Im Gespräch bleiben

Ein Vorgespräch zur Einarbeitung erklärt den genannten Fahrplan. Zwischengespräche reflektieren den Einarbeitungsfortschritt, und das Abschlussgespräch dient zur Feststellung des Abschlusses der Einarbeitung. Alle Gespräche werden mit Hilfe sogenannter Gesprächsleitfäden nach vereinbarten Gesprächsterminen durchgeführt. Die Dokumente dienen als Entscheidungshilfe für die unbefristete Einstellung des Mitarbeiters nach der Probezeit.

16
Einarbeitung organisieren

Die Motive

Intelligente Einarbeitung ist so konzipiert, dass sie in erster Linie dazu dient, die Zugehörigkeit des neuen Mitarbeiters zu dem bereits bestehenden Arbeitsteam zu fördern. Gleichzeitig soll sich seine Sicherheit im Umgang mit den Anforderungen erhöhen und vor allem sein Bedürfnis nach Anerkennung unterstützt werden.

Die erste Stunde

Augenblicke sind entscheidend im Leben. Wir kennen das Phänomen der „Fatalität des ersten Augenblicks". Deshalb ist die Aufmerksamkeit für den Arbeitsbeginn von großer Bedeutung. Hier darf nichts dem Zufall überlassen bleiben. Da für diesen Moment eine große Regieanweisung erarbeitet wird, sind Informationen über den Mitarbeiter nötig.

Eine Überraschung

Positive Überraschungen, also etwas, was der neue Mitarbeiter nicht erwartet hat, sind oft der Schlüssel für den wesentlichen und nachwirkenden Einarbeitungsfortschritt. Herr Wieslhuber führt zu diesem Zweck ein Einarbeitungs-Überlebens-Paket ein, das im Pflegedienst folgenden Inhalt hat: eine Kopie des aktuellen Dienstplanes, Stifte in verschiedenen Farben, Stethoskop, Schokoriegel und Notfalltelefonliste mit den zehn wichtigsten Nummern. In anderen Arbeitsbereichen ist die Bestückung natürlich den dortigen Gegebenheiten angepasst.

Die Systematik

Von neuen Mitarbeitern kann ein Unternehmen in mehrfacher Hinsicht profitieren. Neues, aktuelles Wissen und anderswo praktizierte Verfahren können im Unternehmen genutzt werden. Auch die kritische Sicht auf eingefahrene Routine bewahrt vor Stagnation. Anregungen neuer Mitarbeiter sollten immer ernst genommen werden.

Selbstverständlich erkennt Herr Wieslhuber die Diskrepanz zwischen den Erwartungen an neue Mitarbeiter, möglichst schnell Aufgaben und Verantwortung übernehmen zu können, und dem damit verbundenen Aufwand für die in der Regel zu diesem Zeitpunkt bereits reduzierte Belegschaft. In diesem Zusammenhang mahnt er zu Geduld und zitiert gerne:

> „Ausdauer wird früher oder später belohnt –
> meistens aber später!"
> Wilhelm Busch (deut. Schriftsteller)

Da dieses Handbuch voller Empfehlungen für Führungskräfte steckt, hier einmal zwei, die Führungskräfte an neue Mitarbeiter weitergeben können:

> „Zeig dich von deiner besten Seite.
> Engagement macht den Erfolg aus.
> Und wenn du eines Tages einmal nicht voller Power bist,
> sei wenigstens freundlich."

und:

> „Warte nicht auf die nächste Gelegenheit,
> die beste Chance ist die, die du gerade hast!"

Jahresgespräche führen

inführunggehen.com

17
Jahresgespräche führen

Sehr überrascht ist Herr Dr. Schwarzmüller, als die Assistenzärztin Frau Ingeborg Lange die Gelegenheit zwischen zwei Operationen wahrnimmt und ihn um ein kurzes Gespräch bittet. Aus anderen Kliniken hätte sie die Information, dass Vorgesetzte in regelmäßigen Abständen mit ihren Mitarbeitern Jahresgespräche führen. Sie sei nun schon drei Jahre hier und bisher hätte mit ihr noch niemand solch ein Gespräch geführt. Herr Dr. Schwarzmüller war immer der Meinung, dass er doch ein sehr verträglicher Chef sei und seine Mitarbeiter doch immer mit ihren Anliegen zu ihm kommen könnten. Er sei doch immer breit, sich für wichtige Dinge die notwendige Zeit zu nehmen. Was sollte denn das jetzt heißen! Ein Jahresgespräch mit der Assistenzärztin - darüber will er noch ein paar Tage nachdenken.

Dieses Nachdenken wurde erheblich beschleunigt und auch erleichtert, als er Herrn Wieslhuber im Casino reden hörte, dass in absehbarer Zeit in der gesamten Klinik Mitarbeiterjahresgespräche zu führen seien. Die bevorstehende Zertifizierung erfordere die Einführung dieses Systems. In einem persönlichen Gespräch mit Herrn Wieslhuber bittet er um die Aushändigung der entsprechenden Unterlagen, damit er als erster der Chefärzte solche Gespräche führen könne. Herr Wieslhuber ist darüber so erfreut, dass er noch am selben Tag die entsprechenden Unterlagen zusammenstellen lässt. Erst dadurch wird ihm bewusst, dass diese Regelung auch für ihn persönlich gelten wird und er sich auch selbst damit beschäftigen muss.

Gründe und Ziele

Die Durchführung regelmäßiger Mitarbeiterjahresgespräche wird aus mehreren Gründen dringend empfohlen. Zu allererst verbessert sich dadurch die gegenseitige Information und ganz allgemein die Kommunikation zwischen Führungskräften und Mitarbeitern. Neben einer klaren Einschätzung durch die Führungskraft bewirkt das Gespräch oft eine Verbesserung der Motivation und der Leistungsbereitschaft. Möglichen Konflikten kann vorgebeugt werden und gemeinsame Perspektiven entstehen. Nicht zuletzt lernen sich Führungskraft und Mitarbeiter besser kennen und verstehen. Führung wird leichter, und Mitarbeit wird leichter.

Konzept entwickeln

Zur Durchführung systematischer Mitarbeitergespräche bedarf es eines professionellen Konzeptes. Dieses wird unter Einbeziehung aller Ebenen und Bereiche für die jeweilige Einrichtung individuell erarbeitet und orientiert sich im besten Falle an dem Unternehmensleitbild.

Informationen sammeln

Systematische Mitarbeitergespräche können nur von Führungskräften durchgeführt werden, die mit dem Konzept vertraut und in der Lage sind, die Mitarbeiter bei ihrer Tätigkeit zu beobachten. Informationen Dritter sind zwar zulässig, aber alleine nicht ausreichend. Auch der Beobachtungszeitraum muss angemessen sein.

Rahmenbedingungen herstellen

Zur konkreten Durchführung des Jahresgespräches ist eine sogenannte Vier-Augen-Situation erforderlich. Dazu eignet sich ein entsprechender Raum, in dem keine Störungen auftreten, die Sitzposition über Eck und in Augenhöhe eingerichtet ist. Auch Telefone werden ausgeschaltet. In der Regel benötigen erfahrene Führungskräfte für das Gespräch etwa dreißig Minuten. Es wird ein Dokument angefertigt, von beiden Gesprächspartnern unterzeichnet und bis zum nächsten Gespräch sicher aufbewahrt.

17 Jahresgespräche führen

In einem Gesprächsstandard, der auf Anregung von Herrn Wieslhuber für seine Klinik erarbeitet wurde, wird folgende Vorgehensweise favorisiert:

Freundliche Gesprächseröffnung

Die Art, wie Mitarbeitergespräche geführt werden, spiegelt die Kommunikationskultur eines Unternehmens wider. Selbstverständlich beginnen diese Gespräche freundlich und knüpfen an eine Information zum sozialen oder persönlichen Interesse des Mitarbeiters an.

Die persönliche Anrede

Der Mitarbeiter wird üblicherweise mehrmals im Gespräch sehr persönlich angesprochen, immer wieder einbezogen und sein Name genannt. Er wird nach seiner Einschätzung gefragt und mehrfach aufgefordert, seine Sicht darzulegen. Dabei wird besonders auf die Aufrechterhaltung des Blickkontaktes Wert gelegt.

Ich-Formulierungen

Im Jahresgespräch ist es von größter Bedeutung, dass die Führungskraft ihre persönliche (positive sowie negative) Einschätzung zum Ausdruck bringt. Um dies zu unterstreichen, ist die sogenannte Ich-Formulierung bestens geeignet. Diese Art der Gesprächsführung erlaubt zu bestimmten Dingen eine unterschiedliche Sichtweise, die im Gespräch dem jeweils anderen bekannt werden soll.

Betonung von Stärken und Schwächen

Im besten Fall bringt die Führungskraft die Stärken, aber auch die Schwächen des Mitarbeiters deutlich, ruhig und sicher zum Ausdruck. Das Gespräch endet nach dem Gesprächskonzept mit einer Zielvereinbarung (siehe dazu Kapitel 31 – Ziele vereinbaren –) und einem Unterstützungsangebot.

Dokumente anfertigen

Über das Jahresgespräch wird eine Niederschrift in einem dafür entwickelten und genehmigten Dokument angefertigt. Die Weitergabe einzelner Informationen bedarf der Zustimmung der Gesprächspartner. Das Dokument wird für Dritte unzugänglich aufbewahrt und kann für bestimmte Anlässe mit Zustimmung der Gesprächspartner herangezogen werden. Bei Ausscheiden der zuständigen Führungskraft wird das Dokument vernichtet.

> „Wer aufhört, besser zu werden,
> hat aufgehört, gut zu sein."
> Philip Rosenthal (deut. Unternehmer)

Mitarbeiterjahresgespräche signalisieren sehr eindeutig die Bereitschaft zur Weiterentwicklung des Unternehmens. Dabei ist die Meinung der Mitarbeiter von großer Bedeutung, und so werden Anregungen, die im Gespräch geäußert werden, sehr ernst genommen. Da Mitarbeiter auf diese Art indirekt in Entscheidungsprozesse eingebunden werden, entwickelt sich Vertrauen in die Führung und auch deren Eigenverantwortlichkeit.

Herrn Wieslhubers Gesprächstaktik ist in diesen Gesprächen zunächst sehr zurückhaltend. Er zitiert in kleinem Kreise dazu:

> „Der Mensch hat zwei Augen,
> zwei Ohren und einen Mund –
> damit er doppelt so viel sieht und hört,
> wie er spricht."

18 Menschen motivieren

infüruggehen.com

18
Menschen motivieren

Während einer längeren Zugfahrt in die Landeshauptstadt im letzten Winter konnte Herr Wieslhuber nicht richtig abschalten. Normalerweise schläft er im Zug bereits nach kurzer Zeit ein und wird nicht selten kurz darauf vom Zugbegleiter geweckt. Zuerst wird der Fahrschein kontrolliert, danach der Kaffee serviert, kurz darauf die Tasse abgeholt und danach wieder der Fahrschein ... Dieses Mal konnte Herr Wieslhuber nur an eines denken: „Was kann ich unternehmen, um ein paar meiner Mitarbeiter wieder in Schwung zu bringen?" Er blättert gedankenlos in einer Zeitschrift und entdeckt plötzlich eine interessante und passende Geschichte:

An einem schönen Sonnentag weidet ein Kamel in der Steppe und sieht im Gras eine winzige Ameise. Diese kleine Ameise bewegt einen großen Halm, zehnmal größer als sie selber. Das Kamel sieht ihr eine Weile zu, und meint dann: „Je länger ich dir zusehe, umso mehr bewundere ich dich. Du schleppst, als wäre das gar nichts, diesen Strohhalm, der zehnmal größer ist als Du. Und ich knicke schon unter einem einzigen Mehlsack ein. Wie kommt das?" „Es ist", antwortete die Ameise, „weil du für deinen Herrn arbeitest - und ich für mich!"

Nun, soweit wollte Herr Wieslhuber nun doch nicht gehen. Die Übereignung der Klinik an die Mitarbeiter stand nicht zur Disposition. Dennoch könnte so etwas wie „das Empfinden für eine eigene Sache" entwickelt werden. Herr Wieslhuber entwirft einen Plan.

Orientierung an den Bedürfnissen

Jeder Mitarbeiter hat individuelle Bedürfnisse und Vorlieben. Wenn es gelingt, einen Zusammenhang herzustellen zwischen den Unternehmenszielen und den inneren Beweggründen des Mitarbeiters, entwickelt sich dauerhafte Motivation.

Verteilung von Zuständigkeiten

Aufgabenlisten werden von Zuständigkeitsübersichten abgelöst. Die Übertragung von Verantwortung und die Veröffentlichung in einer Zuständigkeitsübersicht motiviert Mitarbeiter und verpflichtet sie zugleich zur bestmöglichen Wahrnehmung dieser Aufgaben. Allerdings verliert dieser Faktor seine Wirkung, wenn dieselbe Aufteilung über einen längeren Zeitraum bestehen bleibt.

Zuständigkeits-bereich	Haupt-verantwortung	Zweit-verantwortung	Übertragungs-zeitpunkt
EDV	Frau Schwarz	Herr Müller	Jan 2012
Schlüssel	Frau Bauer		
Dokumente	Frau Frisch	Frau Bauer	Juni 2012
Pinnwand	Frau Schuster	Frau Schwarz	Jan 2012

Einführung von Anreizsystemen

Auch im Klinikbereich hat sich die Einführung von Anreizsystemen wie z. B. Arbeitszeitkonten, Jobticket oder Bildungsgutschein bewährt. Sie wirken kurzfristig und kurzzeitig, beinhalten aber die Gefahr, dass sie von den Arbeitsinhalten ablenken. Das sollten Führungskräfte wissen. Bei der Auswahl darf Kreativität, aber auch Bescheidenheit im Spiel sein.

Anerkennung und Wertschätzung

Wie bereits in Kapitel 1 – Anerkennung aussprechen – deutlich gemacht wurde, sind Anerkennung und Wertschätzung die wichtigsten Instrumente, die Führungskräfte einsetzen können, um Mitarbeiter zu motivieren. Voraussetzung dafür sind Respekt und Achtung. Nur dann wirkt Anerkennung.

18
Menschen motivieren

Demotivation vermeiden

Eine besonders wirksame Form der Motivation ist die Vermeidung von Demotivation. Ein zu kleiner Entscheidungsrahmen, zu unwürdige Arbeitsbedingungen, eine unzureichende Verlässlichkeit und ein Zickzackkurs in der Führung verhindern die Entfaltung des Mitarbeiters. Er wird lediglich versuchen, keine Fehler zu machen, Entscheidungen hinauszuschieben und, wann immer möglich, Verantwortung abzulehnen.

Anleitung zur Selbständigkeit

Motivation und Engagement entwickeln sich in einem Umfeld, in dem Eigen- und Selbständigkeit im Handeln sowie Entfaltungsmöglichkeiten der Person vorhanden sind. Gute Führungskräfte sorgen dafür, dass Mitarbeiter dieses Umfeld vorfinden. Selbstverständlich sind Entscheidungsfreiräume mit der jeweiligen Position verbunden und damit auch begrenzt. Herr Wieslhuber erinnert immer wieder an den Leitsatz:

„Im Käfig freier Auslauf."

Dies soll bedeuten, dass innerhalb klarer Grenzen eigenständige Entscheidungen des Mitarbeiters möglich sein müssen. Diese Entscheidungen sind nicht anzuzweifeln. Der Mitarbeiter muss allerdings für seine selbständig getroffenen Entscheidungen die Verantwortung übernehmen. Auch dieser Prozess muss gelernt werden.

Zeit und Aufmerksamkeit schenken

Mit zwei Geschenken, Zeit und Aufmerksamkeit, erwirken Führungskräfte einen unmittelbaren Einfluss auf die Leistungsbereitschaft der Mitarbeiter. Zeit und Aufmerksamkeit sind die am häufigsten vergessenen Motivationsunterstützer.

> „Das Gras wächst auch nicht schneller,
> wenn man daran zieht."

So sagen manche Führungskräfte, die ausschließlich von der Kraft der Selbstmotivation überzeugt sind. Eine gute Pflege und etwas Dünger helfen allerdings schon. Sogar mancher Rasen will bewundert werden!

> „Aufgeben?
> Niemals!"
> Jörg Löhr (deut. Motivationstrainer)

Von welchem Sportler nun genau die Rede war, daran erinnert sich Herr Wieslhuber leider nicht mehr. Es spielt aber auch nicht die entscheidende Rolle. Wichtig bleibt die Geschichte: Immer im Anschluss an das Training blieb besagter Sportler noch auf dem Platz und übte Freiwürfe (wenn er Hand- oder Basketballspieler war) oder Freistöße (wenn er Fußballspieler war). Aber nicht zehn oder zwanzig, nein, fünfhundert! Das dauerte manchmal durchaus mehrere Stunden. Berühmt wurde er später durch seine unglaubliche Anzahl an Toren nach einem Freiwurf oder Freistoß.

> „Musst du noch
> oder willst du schon?"

Diesen von der IKEA-Werbebotschaft („Wohnst du noch oder lebst du schon?") abgeleiteten Slogan verwendet Herr Wieslhuber gerne, wenn er das Gefühl nicht los wird, da arbeitet jemand mit sehr wenig Lust an der Sache. Die Entscheidung, eine Aufgabe übernommen zu haben, beinhaltet die Verpflichtung, sie auch gut zu machen. Dies ist eine Frage der Einstellung und der Sicht der Dinge. Führungskräfte können dabei eine gute Unterstützung sein:

> „Behandle die Menschen so,
> als wären sie, was sie sein sollten,
> und du hilfst ihnen zu werden,
> was sie sein können!"
> J. W. von Goethe (deut. Dichter)

19 Personal entwickeln

inführunggehen.com

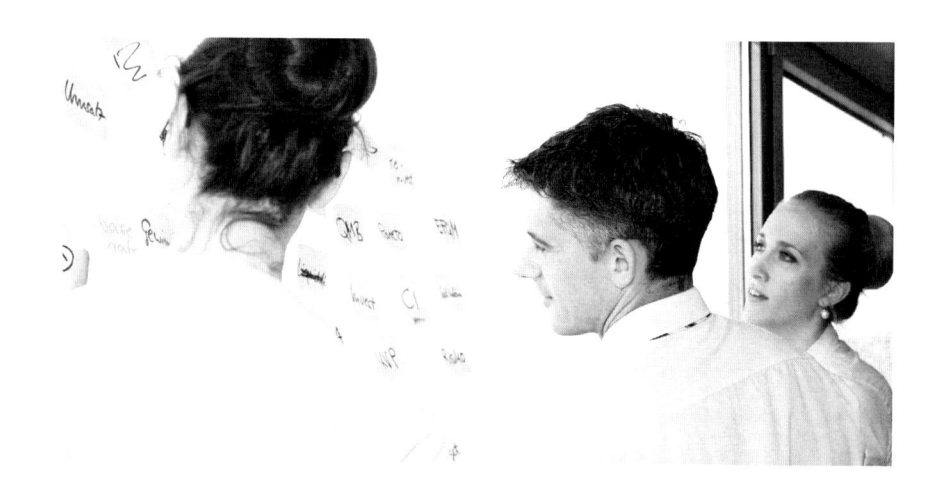

19
Personal entwickeln

Das ist auch wieder so eine Angewohnheit von ihm. Immer, wenn Herr Wieslhuber sein Büro betritt, nimmt er sein Mobiltelefon aus der Jackentasche und legt es auf dem Sideboard ab. Immer an der gleichen Stelle, immer mit der gleichen Bewegung, immer gedankenverloren.

Nachdem er heute alle Unterlagen sorgfältig sortiert, nebeneinander auf dem Schreibtisch griffbereit ausgebreitet und nochmals kontrolliert hat, versucht er, eine Festnetzverbindung ins Ministerium herzustellen. Es handelt sich um einen heiklen Sachverhalt, der nur mit höchster Konzentration und der entsprechenden Wortwahl zu klären ist. Die neue Telefonanlage funktioniert zunächst nicht nach seinen Vorstellungen, aber jetzt hört er doch das Freizeichen. In der angespannten Erwartung, gleich mit Herrn Breitner (und dessen Launen) verbunden zu sein, meldet sich sein Mobiltelefon am anderen Ende des Raumes. „Nicht jetzt, nicht gerade jetzt", denkt er noch, aber Herr Breitner hebt nicht ab, auch die Mobilbox seines Mobiltelefons springt nicht an. Erst nach weiteren Sekunden, die ihm wie Minuten vorkommen, stellt er fest, dass er sich wohl gerade selbst angerufen hat. Er bitte Frau Schwarz um eine Einweisung in die neue Telefonanlage, auch, um solche Schrecksekunden zu vermeiden.

Ziele und Absichten

Personalentwicklung orientiert sich an den Unternehmenszielen und fördert die Entwicklung von Zugehörigkeit und Identifikation der Mitarbeiter. Neben der Unterstützung der Leistungsverbesserung hat Personalentwicklung das Ziel, die Mobilität und Flexibilität einzelner Mitarbeiter zu verbessern, damit sie die Leistung in der gewünschten Qualität erbringen

Bedarfsermittlung

Voraussetzung für die strategisch und ökonomisch gesteuerte Personalentwicklung ist die genaue Bedarfsanalyse von Anforderung und Qualifikation. Vor welchen Herausforderungen steht das Unternehmen oder die entsprechende Abteilung, und welche Aufgaben sind mit welchen Kompetenzen in Zukunft zu bewerkstelligen?

Patenschaftskonzepte

Diese unter dem Begriff Mentoring hinlänglich bekannte und praktizierte Methode zur Qualifikation und Weiterentwicklung von Mitarbeitern kann nicht unterschätzt werden. Bezugspersonen übernehmen in der Regel persönliche Verantwortung für die Einarbeitung und Weiterentwicklung der Mitarbeiter. Und persönliche Verantwortung wirkt immer.

Anforderungsprofile

Für alle Positionen, Stellen, Zuständigkeiten und Verantwortlichkeiten sollten Abteilungen ein Anforderungsprofil mit dem derzeitigen Stelleninhaber entwerfen, das bei Neubesetzungen als Grundlage der Anforderung dienen kann. Auch bringt es den derzeitigen Stelleninhaber auf neue Ideen.

19
Personal entwickeln

Trainee–Programme

Qualifikationsprogramme für die Praxis werden vor allem in der Praxis durchgeführt. Die organisierte Einarbeitung von Assistenzärzten in den verschiedenen Ausbildungsabteilungen durch erfahrene Oberärzte hat sich längst bezahlt gemacht. Diese Tatsache ist noch nicht in allen Kliniken bekannt. Solche Trainingsprogramme können Führungskräfte mit den Abteilungen für Personalentwicklung gemeinsam entwerfen.

Assessment–Center

Mit diesem strategischen Auswahlverfahren für neue Mitarbeiter oder für die Besetzung einer definierten Position durch einen hausinternen Mitarbeiter hat Herr Wieslhuber seine Freude. Hier ist ein Vergleich der Leistungspotentiale und Eigenschaften mit den betrieblichen Anforderungen in typischen Herausforderungssituationen bestens möglich. Die Bewertungskriterien sind vorab zu definieren und die Bewertung erfolgt durch mehrere Beobachter. Der Kandidat erhält im Anschluss ein qualifiziertes Feedback. (Siehe dazu auch Kapitel 04 – Bewerber auswählen –)

Systematische Mitarbeitergespräche

Wie bereits im Kapitel 15 – Mitarbeiter beurteilen – und im Kapitel 17 – Jahresgespräche führen – ausführlich erklärt, sind diese systematischen Gesprächsanlässe ein ideales Instrument zur Personalentwicklung. Es dient der Standortbestimmung des Mitarbeiters und seiner Karriereplanung.

Evaluation von Trainings

Bei sämtlichen Förder- und Entwicklungsmaßnahmen, bei Schulungen und Trainings bedarf es einer präzisen und im Qualitätsmanagement verankerten Evaluation hinsichtlich der Wirkung im Sinne der Personalentwicklung.

Herr Wieslhuber legt größten Wert darauf, von guten Leuten umgeben zu sein. Darum betont er immer wieder die Bedeutung der Personalentwicklung als eines der wichtigsten Führungsinstrumente. Neben der Ausformulierung von Anforderungsprofilen, die er von Abteilungsleitern einfordert, beschäftigt er sich gerne mit dem Entwurf von Anforderungen für neu zu schaffende Schlüsselpositionen, denn:

> „Eine gute Führungskraft weiß,
> was sie nicht kann,
> und holt sich dafür die richtigen Mitarbeiter."

Allerdings ist sich Herr Wieslhuber sehr bewusst, dass er es nie allen recht machen kann und immer wieder auf Unverständnis und Kritik stoßen wird. So schlimm wie bei einem ehemaligen deutschen Bundestrainer wird es jedoch nicht werden.

> „Wenn ich übers Wasser laufe,
> dann sagen meine Kritiker,
> nicht mal schwimmen kann er!"
> Berti Vogts (ehem. deut. Bundestrainer)

20 Pläne entwerfen

20
Pläne entwerfen

Heute ist wieder einer dieser unglaublichen Tage. Noch bevor Herr Wieslhuber sein Büro erreicht, wird er von Dr. Huber im Aufzug auf die ausstehende Entscheidung angesprochen. Jedoch nicht in Form einer höflichen Erkundigung, sondern anklagend, jammernd. Sowohl mit der Entscheidung als auch mit Dr. Hubers Art kommt Herr Wieslhuber nicht zurecht. Die Entscheidung, eine Neuordnung der Raumsituation im Bereich Chirurgie/Orthopädie herbeizuführen, entpuppt sich schon kurz nach der Besprechung als äußerst heißes Eisen. Hier sollten weitaus mehr Bedürfnisse der verschiedenen Abteilungen und Personen berücksichtigt werden, als zunächst angenommen. Die Empfindlichkeiten sind groß, die Wunden werden schmerzlich sein. Die Art Dr. Hubers bringt ihn bereits am Morgen in eine Kampfeslaune und wird – so gut kennt er sich – seine Entscheidung maßgeblich beeinflussen.

Unabhängig – na ja, nicht ganz unabhängig von diesem Ereignis hat es der Tag, wie bereits erwähnt, in sich. Der Terminkalender übervoll, unangenehme Post aus dem Ministerium, lästige Unterbrechungen durch unangemeldete Besuche, Desorientiertheit einer Sekretariatsmitarbeiterin aufgrund innerfamiliärer Konflikte, ein dadurch vergessener wichtiger Termin, eine wieder nicht eingetroffene Lieferung dringender Unterlagen aus dem Bereich Controlling und dann auch noch eine Bitte um ein persönliches Gespräch eines engen Mitarbeiters ...

Herr Wieslhuber erinnert sich: „dringlich, wichtig, beides oder keins?" Das Eisenhower-Prinzip!

Sofort entscheidet er sich für den Entwurf eines entsprechenden Diagramms auf einem Blatt Papier. Er verbietet jede Störung für die nächsten zehn Minuten. So lange dauert es, bis er den Tag strukturiert hat. An erster Stelle der Aktivitäten steht: Sofortige Klärung der Angelegenheit Dr. Huber!

Das Ordnungsprinzip

Wer Ordnung in seine Vorhaben bringt, Prioritäten sicher und gekonnt festlegt, Wichtiges von Unwichtigem, Dringliches von weniger Dringlichem unterscheiden kann, erfüllt beste Voraussetzungen für das in Führungspositionen geforderte strategische Denken und Handeln. Wenn dann auch noch der innere Schweinehund überlistet und eine konzeptionelle Vorgehensweise gepflegt wird, steht dem Erreichen der Ziele nicht mehr allzu viel im Wege.

Klare Struktur

Ein übersichtlicher, klarer und realistischer Zeitplan lässt Dinge gelingen. Fehlt es bereits an dieser Voraussetzung, geraten die Interessen durcheinander. Herr Wieslhuber überlässt diese Aufgabenstellung seiner famosen Sekretärin Frau Schwarz. Seitdem die Eckdaten besprochen, die Zeitkorridore klar bestimmt und die Prioritäten festgelegt worden sind, funktioniert die Zeitplanung vorzüglich.

Abhängigkeitsübersichten

Gerade, wenn Aktionen in der richtigen Reihenfolge stattfinden sollen, ist eine definierte Abhängigkeit von Anfang und Ende der Aktion und somit die Definition der exakten Dauer von größter Bedeutung. Herr Wieslhuber kann nach dem Umzug der Radiologie in die noch bestehende Baustelle ein Lied davon singen. Hier gerieten einige Aktionen durcheinander, so dass Korrekturmaßnahmen viel Zeit und noch mehr Mühe nach sich zogen.

Das Ziel

Pläne ohne Zieldefinition helfen wenig. Wer, wann, bis wann, mit welcher Unterstützung? Diese und viele andere Fragen sind entscheidend bei der Konzeption von Planungsvorhaben. Wenn das Ziel aus dem Auge verloren wird, sind alle Pläne nutzlos.

> „Wer den Hafen nicht kennt,
> in den er segeln will,
> für den ist kein Wind der richtige!"
> Seneca (röm. Dichter und Philosoph)

20
Pläne entwerfen

An dieser Stelle gibt uns Herr Wieslhuber Gelegenheit, zwei seiner Lieblingspläne zu betrachten. Er fordert auch seine Führungskräfte und Mitarbeiter auf, Übersichten anzufertigen. Immer wieder!

Das Eisenhower-Prioritäten-Diagramm

Hier werden die anstehenden Aufgaben nach Wichtigkeit und Dringlichkeit sortiert. Diese wunderbare Übung kann sowohl für einen Aufgabenkomplex als auch für einen Aufgabenzeitraum angewendet werden. Die sogenannten A-Aufgaben bleiben in der Zuständigkeit der Führungskraft, die B-Aufgaben werden delegiert, die C-Aufgaben in die Agenda übertragen und die D-Aufgaben in den Papierkorb verschoben. Basta!

wichtig

C	A
Das kommt in die Agenda	Darum kümmert sich Herr Wieslhuber selbst
D	B
Davon trennt sich Herr Wieslhuber gerne. (Er nennt es: Ewige Ablage)	Das delegiert Herr Wieslhuber an fähige Mitarbeiter

dringlich

Die Positiv-Negativ-Liste

Diese äußerst einfache Methode lässt sich zu jeder Zeit anwenden. Voraussetzung dafür sind lediglich zehn Minuten Zeit, ein Blatt Papier und ein Stift. Rechts und links einer vertikalen Linie werden Pro- und Kontra notiert. Manche Dinge funktionieren einfach nicht im Kopf, sie müssen visualisiert werden.

die Führung übernehmen

Äußerst ungern hört Herr Wieslhuber den Ausspruch seines ansonsten sehr geschätzten Kollegen Werner Küster, seines Zeichens Qualitätsmanagementbeauftragter, der hoffentlich nicht aus Erfahrung solche Dinge sagt:

> „Planung heißt,
> den Zufall durch den Irrtum zu ersetzen."
> Samuel Goldwyn (amer. Filmproduzent)

Da wir bereits wissen, wie strukturiert Her Wieslhuber vorgeht, muss er Pläne über alles schätzen. Deshalb wandelt er ein bekanntes Sprichwort ab:

> „Planung ist nicht alles,
> aber ohne Planung
> ist alles nichts."

Realistisch betrachtet, können nicht alle Pläne funktionieren und erfolgreich sein. Entmutige lassen sollten sich Führungskräfte dadurch jedoch nicht. Auch für diesen Fall hat Herr Wieslhuber einen guten Ausweg:

> „Gegen das Fehlschlagen eines Planes
> gibt es keinen besseren Trost,
> als auf der Stelle einen neuen zu machen."
> Jean Paul (deut. Schriftsteller)

21 Präsentationen kreieren

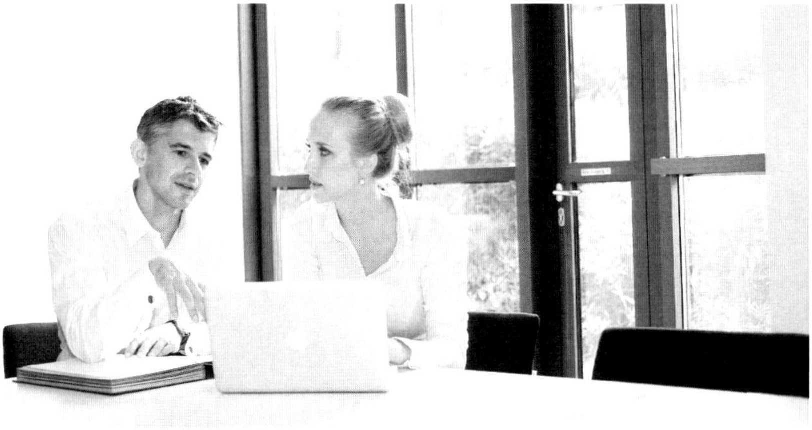

21
Präsentationen kreieren

Für den anstehenden Führungskräfteworkshop bereitet Herr Wieslhuber eine, so hofft er, überzeugende Präsentation vor. Seit Tagen reserviert er sich dafür entsprechende Zeitfenster im Tagesgeschäft und hält sie konsequent frei. Er legt eine Vortragsstruktur in Powerpoint an, recherchiert im Internet, spioniert in Vortragsunterlagen verschiedener Kongresse und führt zur Sicherheit auch noch zwei Telefoninterviews mit einem ihm bekannten Dozenten einer bedeutenden Schweizer Hochschule für Wirtschaftswissenschaften. Das heißt, er „hängt sich richtig rein".

Eine Probepräsentation im Familienkreis misslingt in Gänze. Das Interesse der Parallelwelt an Zahlen, Daten und Fakten hält sich sehr in Grenzen. Zwei Tage vor dem Termin überrascht ihn seine Frau mit der Vermutung, dieses Phänomen könnte auch in der Klinik auftreten, da hier doch auch ganz normale Menschen tätig seien, die mit den ökonomischen Grundlagen eher nicht vertraut seien. Herr Wieslhuber arbeitet noch in der Nacht die gesamte Präsentation um. Er entscheidet sich, die Anzahl der Charts drastisch zu reduzieren, sich auf ein paar wesentliche Kernaussagen zu beschränken und den Rest frei zu formulieren. Er plant, an bestimmten Stellen seines Vortrags ein paar ausgewählten Personen tief in die Augen zu schauen.

Der diesjährige Führungskräfteworkshop wird zum ersten Mal eine unterhaltsame und dabei durchaus nicht unproduktive Angelegenheit. Es macht sich sogar an einigen Stellen Unbekümmertheit, bisweilen geradezu Begeisterung breit. Herr Wieslhuber lächelt und genießt.

Einen Fahrplan erstellen

Für die Dauer der Präsentation kann ein didaktischer Fahrplan die Einhaltung der Präsentationszeit und die Orientierung während der Präsentation erleichtern. Dieser didaktische Fahrplan gleicht dem Fahrplan eines Linienbusfahrers. Er enthält eine Zeitspalte, die eine klare zeitliche Orientierung ermöglicht, und neben einer Inhaltsspalte eine Spalte für Hinweise zu den Methoden und Medien. So ist eine vorausschauende Regieführung für jede Person, die eine Präsentation durchführt, möglich. Abweichungen von diesem Fahrplan sind selbstverständlich erlaubt, wenn sie das Interesse der Zuhörer fordern.

Auf den Punkt kommen

Die Dramaturgie einer Präsentation muss unweigerlich zur Kernaussage führen, was von vielen Präsentationen nicht behauptet werden kann. Herr Wieslhuber kennt und liebt die Technik des aristotelischen Dramas. Zunächst gilt es, das Interesse der Zuhörer zu aktivieren. Dies gelingt sofort mit einem Bezug zu aktuellen Ereignissen oder einer heiteren Geschichte. Mit einem eleganten Übergang wird das Thema präzisiert. Im dritten Schritt wird der Verstand der Zuhörer angesprochen. Es werden Zahlen, Daten und Fakten genannt und mögliche Gegenargumente vorweggenommen. Erst jetzt sorgen Beispiele und Bilder dafür, dass Gefühle angesprochen und Phantasien angeregt werden. Im Finale erfolgt eine kurze Zusammenfassung, angereichert mit einem passenden Zitat oder einer Metapher. Ein Blick in die Zukunft kann nachdenklich stimmen oder motivieren und zur Handlung auffordern. Ein perfekter Plan.

Souvenir bereitstellen

Zuhörer einer Präsentation erhalten in der Regel ein Handout. Damit könne sie allerdings meistens wenig anfangen. Das liegt vor allem an der Überfrachtung dieser Handouts mit Inhalten und der unzureichenden didaktischen Aufbereitung. Gestalten Sie ein Souvenir, das der Zuhörer gerne mitnimmt und mindestens einmal wieder betrachtet. Ob Ihr Geschmack der Geschmack der Zuhörer ist, werden Sie bald feststellen. Übersichtlichkeit, Reduktion, Schriftgröße und geeignete Literaturempfehlungen sind auch hier Erfolgsfaktoren.

21
Präsentationen kreieren

Und damit kommen wir zur technischen Umsetzung einer Präsentation im Modus von Powerpoint oder Keynote. Die Empfehlungen sind sehr individuell, basieren auf praktischen Erfahrungen verschiedener Anwender und spiegeln („Gott sei Dank!") nicht unbedingt vorhandene Lehrmeinungen wieder.

Ideen statt Folien

Bei der Vielzahl der Möglichkeiten und technischen Spielereien besteht die Gefahr, dass Folie um Folie, Chart um Chart produziert werden, anstatt zuerst Ideen zu kreieren und diese dann in Charts umzusetzen. Sogenannte Storyboards leisten hier gute Dienste. Bevor das erste Chart beschrieben wird, sollte die gesamte Story-Komposition fertig gestellt werden.

Szenen statt Graphiken

Der Zuhörer einer Präsentation kann nicht gleichzeitig den Text lesen, dem Redner zuhören, das Handout verfolgen, sich Notizen machen, sich dazu eine Meinung bilden und das Vorgetragene auch noch behalten. Viele Zuhörer sind bei den meisten Powerpoint-Präsentationen völlig überfordert und fühlen sich nach kurzer Zeit erschöpft. Das sollten wir ändern. Die Arbeit mit Szenen, die das Gesagte bildlich unterstützen, sowohl Geist und damit auch Emotion ansprechen, kann hier eine gute Lösung sein.

Die Technik beherrschen

Um eine Präsentation sicher und gekonnt durchzuführen, kann die Beschäftigung mit den technischen Dingen nicht schaden. Neben der Bedienung der Präsentationssoftware sollte auch die Verbindung der Hardwareelemente probiert und getestet werden. Einfache Kniffs wie: CTRL/F4 etc. kann ein Softwareexperte des Hauses leicht erklären. Hier erwartet Herr Wieslhuber von jedem Mitarbeiter, der eine solche Aufgabe übernimmt, Selbständigkeit und sicheren Umgang mit der Technik.

Damit alle Zuhörer die Präsentation aufmerksam und interessiert verfolgen, sagt Herr Wieslhuber zu Herrn Küster bei der gemeinsamen Vorbereitung der Jahreskonferenz:

„Halte keinen Vortrag,
mache eine Show!"
Nancy Duarte (amer. Unternehmerin)

Herr Küster erschrickt zunächst, wächst allerdings dann, ob dieses Auftrags, über sich hinaus und hält sich auch an die Empfehlung zum Handout:

„Was nicht auf einer Seite Papier
zusammengefasst werden kann,
ist weder durchdacht noch reif für Entscheidungen."
Dwight D. Eisenhower (amer. Präsident)

Hinter professionell aufgebauten Präsentationen verstecken sich oft persönliche Unzulänglichkeiten. Herr Wieslhuber stellt dazu fest:

„Manche Menschen wollen glänzen,
obwohl sie keinen Schimmer haben!"

22 Projekte durchführen

142 inführunggehen.com

22
Projekte durchführen

Als Herr Wieslhuber noch Assistent und in Ausbildung war, machte er bereits erste Erfahrungen mit eigenartigen Projekten. So richtig konnte er anfangs die Unterscheidung Arbeitsgruppe/Projektgruppe nicht treffen und war unvermittelt in Besprechungen gelandet, die, wie sich im Nachhinein oft herausstellte, keinen Auftrag hatten. „Man sollte sich drüber mal Gedanken machen", „Man müsste sich damit mal beschäftigen". Irgendjemand fühlte sich angesprochen, und schon war die erste Sitzung anberaumt – oft zum falschen Zeitpunkt und mit den falschen Personen.

Auch die Neigung seines damaligen Chefs, aus allen ungeklärten Fragen Projekte zu machen, ohne deren Realisierbarkeit zu hinterfragen, lässt Herrn Wieslhuber lange Zeit in einer eher skeptischen Grundhaltung zu Projekten aller Art stehen. Erst die Vorlagen der beiden Stationsleitungen Manuela Inderwies und ihrer Kollegin, deren Name ihm gerade entfallen war, lassen ihn aufmerksam werden. Beide Projektanträge sind sehr professionell bearbeitet, mit klarer Struktur, konkreten Zielen, Kosten-Nutzen-Analyse, Benennung der Beteiligten, Schnittstellenmatrix und versehen mit einem Fahrplan zur Realisierung. Herr Wieslhuber ist sehr beeindruckt.

Er entscheidet sich spontan, die Projektmethode ab sofort zu unterstützen und beauftragt den Qualitätsmanagement-Experten, Josef Küster, diesbezüglich mit den Stationsleitungen zusammenzuarbeiten. Es soll ein Konzept entwickelt werden, das zur klinikübergreifenden Einführung der Methode Projektmanagement geeignet ist. Herr Küster ist begeistert, hat viele Ideen, und es macht den Eindruck, als hätte er nur auf diesen Auftrag gewartet.

Projekte enden oft so, wie sie beginnen

Projekte können von oben (Geschäftsleitung) oder von unten (Mitarbeiter) initiiert werden. Wenn die Projektidee weiterentwickelt und konkretisiert wird, bedarf es eines bestimmten Entwicklungstempos. Ein zögerlicher Projektbeginn, eine unklare Auftragslage, eine Verschiebung von Startzeiten sind untrügliche Faktoren für ein voraussichtlich verzögertes oder unzureichendes Projektergebnis.

Projektkonzept entwickeln

Für jedes Projekt braucht es einen Projektverantwortlichen. Er ist aufgefordert, ein professionelles Projektkonzept zu erarbeiten, um die Realisierbarkeit zu prüfen, eine klare Zieldefinition und eine Kostenkalkulation zu erstellen sowie die voraussichtliche Projektlaufzeit zu definieren. Diese Vorarbeiten sind nötig, um Entscheidungen zur Projektdurchführung zu treffen.

Realistischen Fahrplan entwerfen

Projektbausteine und damit Aufgabenpakete können in einer Übersicht, dem sogenannten Projektfahrplan, in einem Zeitrahmen visualisiert werden. Dabei empfiehlt Herr Wieslhuber, die Planung vom voraussichtlichen Projektende her, also quasi rückwärts vorzunehmen, damit die gegenseitigen Abhängigkeiten der Bausteine bezüglich Ihrer Fertigstellung berücksichtigt werden. Werden einige Bausteine als Meilensteine benannt und markiert, dürfen sie zeitlich nicht mehr verschoben werden, will man den Projekterfolg nicht gefährden.

Auftrag einholen

Jedes Projekt benötigt einen Auftrag von der höchstmöglichen Stelle des Unternehmens. Nach Prüfung der Zuständigkeiten wird der Projektauftrag von einer oder mehreren Abteilungsleitungen unterzeichnet und in einer Gesamtübersicht aller derzeit geplanten und durchgeführten Projekte aufgenommen. Kollidierende Interessen oder Aktionen können dadurch vermieden, Synergien mit anderen Projekten genutzt werden.

22
Projekte durchführen

Projektgruppe zusammenstellen

Die Zusammenstellung der Projektgruppe übernimmt der Projektleiter. Er spricht einzelne Personen direkt an und gewinnt sie zur Mitarbeit. Jede Projektgruppe benötigt ausgewiesene Experten, eindeutige Verbündete, klar Betroffene, aber auch bekannte Widersacher. Diese Mischung lässt aus kreativen Impulsen hervorragende Ergebnisse entstehen. Die Terminierung und Moderation der Besprechungen gelingt vorzüglich, wenn die Gruppengröße überschaubar bleibt. Allerdings müssen die Interessen der Schnittstellen berücksichtigt sein.

Projektbesprechungen durchführen

Wie im Kapitel 03 – Besprechungen leiten – bereits ausgeführt, ist die dynamische Moderation der Projektsitzungen wesentlich verantwortlich für das Engagement der Mitarbeiter der Projektgruppe. Herr Wieslhuber liebt kurze, maximal 45 Minuten dauernde Besprechungen, die durchaus häufiger im Projektverlauf stattfinden können. Eine exzellente Vor- und Nachbereitung ist Aufgabe des Projektleiters.

Zwischenergebnisse kommunizieren

Oft ist für Mitarbeiter eines Unternehmens völlig unklar, wie weit einzelnen Projekte fortgeschritten sind. Es soll sogar Projekte geben, von denen man nach furiosem Kickoff bis zum Ende der Laufzeit nichts mehr gehört hat. Erst mit der Projektinformation zu bestimmten Schritten kann sichergestellt werden, dass sich betroffene Abteilungen einschalten und ihre Ansprüche oder Unterstützung anmelden. Dies führt zur frühzeitigen Behebung von Schwierigkeiten, die sonst erst am Ende auftreten und Projekte scheitern lassen können. Herr Wieslhuber verpflichtet Projektleiter zum regelmäßigen Projekt-Zwischenbericht.

Für alle Führungskräfte und im Besonderen für Führungskräfte, die hin und wieder Projektleiteraufgaben übernehmen, gilt:

> „Es ist nicht bedeutsam,
> wie langsam du gehst,
> solange du nicht sehen bleibst."
> Konfuzius (chin. Philosopph)

Nach einem erfolgreichen Projektabschluss soll gefeiert und das Engagement der Projektbeteiligten gewürdigt werden. Dies kommt allen folgenden Projekten zugute. Herr Wieslhuber zitiert dennoch an dieser Stelle gerne den Fußball-Kaiser:

> „Nichts ist problematischer
> für den Erfolg von morgen
> als der Erfolg von gestern"
> Franz Beckenbauer (deut. Philosoph)

Aus den Aufzeichnungen eines Projektleiters einer Klinik im Südostbayerischen Raum konnten folgende Aussagen sichergestellt werden:

> „Sei dir niemals sicher,
> auch wenn du der Planung weit voraus bist!"

> „Freue dich auf den Austausch mit Personen,
> mit denen du sonst nichts zu tun hast!"

> „Verlange immer das Unmögliche
> und vor allem die Einhaltung von Zusagen!"

> „Notiere alle Ideen,
> auch wenn sie derzeit noch nicht zu gebrauchen sind!"

23 Prozesse optimieren

23
Prozesse optimieren

Bei der zufälligen Begegnung von Chefarzt Dr. Schwarzmüller mit dem Kollegen Schneider aus dem Controlling auf der Herrentoilette kommt es zu einer Auseinandersetzung von bisher nicht dagewesenem Ausmaß. Die Lautstärke und die unbedachte Wortwahl lässt unbeteiligte Zuhörer aufmerksam werden. Die Pflegedirektorin Frau Cech verlangsamt ihre Schrittgeschwindigkeit, wie Zeugen berichten, bis zur Zeitlupe und verwechselt beinahe die Toiletteneingänge D und H. Sie wird nur deshalb daran gehindert, weil die beiden Kontrahenten gerade die Örtlichkeit nacheinander in hohem Tempo verlassen.

Den Ausgangspunkt dieser Auseinandersetzung, die damit endet, dass eine mehrmonatige Funkstille zwischen den Kontrahenten herrscht, kann Herr Wieslhuber in einem ruhigen und entspannten Gespräch bei zwei Zigarren mit Herrn Chefarzt Dr. Schwarzmüller mühevoll recherchieren. Herr Schneider hingegen war zu keiner weiteren Stellungnahme zu bewegen. Es war offenbar so gewesen, dass Herr Schneider in einem Nebensatz äußerte, es sei doch wohl sehr eigenartig, dass die Durchführung einer Röntgen-Thorax-Untersuchung von der Anordnung bis zur Befundpräsentation in einem miserabel organisierten Prozess mehr als 24 Stunden und in der Summe 63 Arbeitsminuten in Anspruch nähme und man sich das ja wohl in Zukunft so nicht mehr leisten könne. Wie bei sich selbst dynamisierenden Gesprächen dieser Art üblich, folgte den Fragen nach dem Schuldigen die Identifikation der Verantwortlichen. Herr Wieslhuber kann und will die persönlichen Dinge zwischen den Kontrahenten diesmal nicht weiter schlichten, sondern beschließt, diese Anregung als Warnsignal wahrzunehmen und alle, zunächst wenigstens einige Prozesse unter die Lupe zu nehmen und gegebenenfalls zu optimieren. Wie wir Herrn Wieslhuber mittlerweile kennen, beginnt er noch am selben Tag mit der Einberufung einer Task Force zu diesem Thema unter seiner Leitung.

Verantwortung der Leitung

Für Organisations- und Arbeitsprozesse und deren intelligente Gestaltung ist die Leitung verantwortlich. Sie ist verpflichtet, die Bedürfnisse der Kunden, der eigenen Mitarbeiter und der Schnittstellen zu bedienen und dafür alle Prozesse nach ökonomischen Grundsätzen auszurichten. Da sich die Bedingungen ständig weiterentwickeln, müssen Prozesse einer dauerhaften Beobachtung unterzogen und bei Bedarf rasch angeglichen werden.

Die Auswahl gezielt treffen

Wie jeder engagierte Mitarbeiter sicher bestätigen kann, gibt es eine Vielzahl von Prozessen in allen Organisationen zu optimieren. Dies fällt uns im öffentlichen Leben genauso deutlich auf wie an unserem Arbeitsplatz. Gleichzeitig strebt ein träges hierarchisches System zur Stabilität. Weitere Ausführung dazu sind im Kapitel 30 – Veränderungen gestalten – zu finden. Wie in allen Überlegungen des Managements gilt auch hier der Grundsatz der Dringlichkeit. Es stellt sich folgende Frage: „Mit welchen Prozessoptimierungen gewinnen wir den bestmöglichen Vorteil?" Deshalb ist eine gezielte Auswahl nötig, da mit jeder Veränderung Unruhe erzeugt und zunächst Produktivität verringert wird.

Die aktuelle Situation analysieren

Mit Hilfe einiger auf der gegenüberliegenden Seite vorgestellten Analysemethoden kann eine punktuelle Begutachtung vorgenommen werden. Nach Auswertung der Daten und der individuellen Einschätzung werden ausgewählte Prozesse neu beschrieben und weiterentwickelt.

Die Umsetzung evaluieren

„Wir sparen, egal was es kostet", soll Herr Wieslhuber schon mal mit ironischem Unterton eingeworfen haben. Jede Prozessüberarbeitung benötigt eine saubere Evaluation zur Darstellung des Nutzens und der Auswirkungen. Mit der kontinuierlichen Beschäftigung und dem Bemühen nach den besten Prozessen lassen sich immer wieder deutliche ökonomische Wirkungen erzielen. Also los!

23
Prozesse optimieren

Die Aufwand-Zeiterfassung

Einfache Listen, mit deren Hilfe über einen definierten Zeitraum Daten gesammelt werden, sind für die Prozessanalyse von großem Nutzen. Sowohl die Erfassung der Dauer bestimmter Tätigkeiten als auch die Häufigkeit von Störungen oder die Aufzeichnung der Abwesenheit vom Arbeitsplatz können Grundlage notwendiger Entscheidungen sein. Herr Wieslhuber nennt in diesem Zusammenhang gerne die Aufschlüsse, die eine Analyse der Wartezeiten vor den Aufzügen ergab und die zur Einführung der Funkschlüssel zur Aufzugsteuerung führte. Auch im Bereich der Ambulanz hat eine präzise Erfassung der Zeiten (Eintreffen des Patienten/Erstkontakt/Zeitpunkt der Untersuchung/Treffen der Entscheidung/Verlegung auf Station etc.) zu einer völligen Umorganisation dieser Abteilung geführt. Ein erhöhter Personaleinsatz führte zu noch besseren Erträgen.

Die Prozessdifferenzierung

Erst eine Prozessdifferenzierung kann zur Prozesskostenrechung führen. Wird zum Beispiel ein Patienten-Behandlungspfad in all seinen Einzelschritten genau analysiert, können Schwachstellen und wiederkehrende Problemzonen sichtbar werden. Sämtliche in diesem Zusammenhang gewonnene Daten sind Grundlage guter Entscheidungen. Wenn durch eine Analyse deutlich wird, dass Organisationsprozesse zeit- und kostenintensiver sind als Kernprozesse, dann ist es an der Zeit umzudenken. Ein schönes Beispiel dazu findet sich auf der folgenden Seite.

Die SWOT-Analyse

Diese „Stärken-Schwächen-Chancen-Risiken" – Darstellung (engl. Strengths, Weaknesses, Opportunities, Treats – SWOT) wird oft in einer Matrixgraphik visualisiert. Sie dient der strategischen Entscheidungsfindung. Oft wird diese Art der Visualisierung am Ende eines Prozessgutachtens zusammengestellt, um die Notwendigkeit der Veränderungen zu verdeutlichen und zu begründen.

Herr Wieslhuber erörtert in einer Klinikkonferenz folgenden Fall:

Die Terminierung in der Radiologie gab immer wieder Anlass zum Ärger. Nach Begutachtung und Untersuchung der Anmelde- und Abrufprozesse haben sich die Beteiligten nach langem Ringen für folgende Variante entschieden: Für aufwendige radiologische Untersuchungen bedarf es weiterhin einer Voranmeldung, die jedoch von einem organisatorischen Prozess begleitet wird; damit kann sie bereits am Vortag terminiert und die entsprechende Vorbereitung des Patienten, der nötigen Logistik und des Transports selbständig aktiviert werden. Kleinere und weniger zeitaufwendige Untersuchungen wie Röntgen-Thorax-Untersuchungen können ab sofort ohne Voranmeldung stattfinden. Hier erscheint der gehfähige Patient in der Radiologie und wird sofort behandelt. Die Evaluation nach drei Monaten hat ergeben, dass sich der administrative Aufwand erheblich reduziert, die Wartezeit keineswegs zugenommen und die Patientenzufriedenheit deutlich verbessert haben.

Bei der Aufgabe, Prozesse zu optimieren, ist neues Denken angesagt. Wer immer in alten Mustern denkt, wird keine neuen Lösungen finden.

„Wer das Problem immer wieder als Nagel definiert,
wird immer auf den Hammer zurückgreifen müssen.
Wer also ein Problem nicht lösen kann,
hält sich zu sehr an die Regeln".

24
Qualität sichern

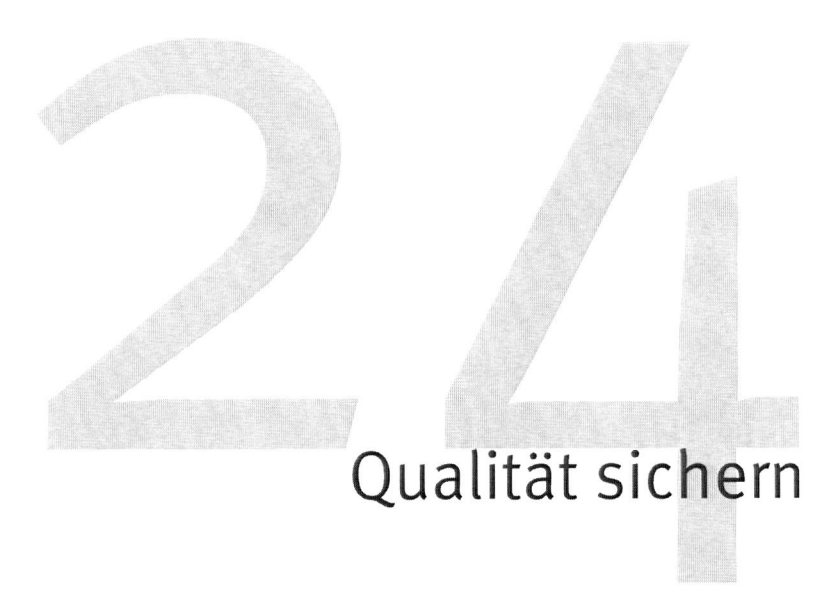

inführunggehen.com

24
Qualität sichern

Als Herr Wieslhuber von der folgenden Geschichte erfährt, lässt er das Tagesgeschäft ruhen, um sich unmittelbar vor Ort selbst ein Bild zu machen.

Seit acht Wochen ist der Praktikant Dieter im Bereich der Patientenaufnahme eingesetzt, um hilfsbedürftige Personen dabei zu unterstützen, mit ihrem Koffer auf die entsprechende Station zu gelangen. Bereits nach einigen Tagen hat Dieter damit begonnen, den dafür vorgesehenen Sitzrollwagen aufzubereiten. Er pumpt Luft in die Reifen, ölt die Gelenke und stellt die Schrauben nach. An der Rückseite montiert er eine Befestigung, mit der er die Koffer und Taschen leicht und sicher transportieren kann. Von weitem sieht man einen Aufkleber mit der Aufschrift: „Patiententaxi Dieter". Dieter hat sich eine Liste angelegt mit den Namen der Chefärzte, Oberärzte und Stationsleitungen aller Stationen, damit er diese bereits den neuen Patienten mitteilen kann. Außerdem besitzt er seit wenigen Tagen persönliche Visitenkarten, die er den Patienten nach Ankunft auf der Station überreicht, damit sie ihn persönlich am Entlassungstag anfordern können und er den Rücktransport selbst übernehmen kann.

Herr Wieslhuber ist sehr beeindruckt von diesem lebendigen und persönlichen Beitrag zur Qualitätsverbesserung und Kundenorientierung. Er zeichnet den Praktikanten Dieter mit der in diesem Moment von Ihm erfundenen goldenen **Qualitäts-Ehrennadel** aus und unterhält sich mit ihm ausführlich über weitere Möglichkeiten, die andere Abteilungen oder Personen ergreifen könnten, damit die Gesamtqualität deutlich verbessert wird.

Auch nach Dieters Ausscheiden am Ende seines Praktikums werden einige Rituale beibehalten, an die Nachfolger übertragen und bis zum heutigen Tag praktiziert.

Qualitätsbewusstsein schaffen

Qualität in Dienstleistungsorganisationen entsteht durch Menschen, durch Führungskräfte und Mitarbeiter, die unter bestimmten Rahmenbedingungen kompetent, engagiert und verantwortungsbewusst handeln. Qualitätsmanagementsysteme fordern und unterstützen dieses Vorhaben. Dienstleistungsqualität wird dann sichtbar und auch nachweisbar, wenn diese Systeme installiert sind und sich ein Qualitätsbewusstsein bei den Mitarbeitern entwickelt und gefestigt hat.

Entscheidung für ein System

Unternehmen im Klinikbereich haben die Möglichkeit, sich für ein geeignetes Qualitätsmanagementsystem selbst zu entscheiden. Neben den DIN-ISO-Normen stehen sowohl das KTQ-System wie das EFQM-Modell und verschiedene abgewandelte Varianten zur Verfügung. Alle Systeme haben eine vergleichbare Vorgehensweise zur Implementierung. Am Ende dieses Prozesses steht in der Regel die Zertifizierung durch ein dafür akkreditiertes Unternehmen.

Qualifizierung der Mitarbeiter

Zunächst müssen Voraussetzungen geschaffen werden, damit das System implementiert werden kann. Neben der Willensbekundung der Unternehmensleitung zum Qualitätsmanagement und der dafür notwendigen technischen Ausstattung ist vor allem die Information und die Qualifikation der Mitarbeiter von großer Bedeutung. Er werden Qualitätsmanagementbeauftragte ausgebildet, Moderatoren für die Qualitätszirkel geschult sowie alle Mitarbeiter über das Vorhaben schrittweise informiert.

Erstellung von Hilfsmitteln

Zur Dokumentation aller Qualitätsbemühungen ist die Erstellung von so genannten gelenkten Dokumenten gefordert. Für diese Dokumente ist sowohl die formale Gestaltung als auch der Prozess der Erstellung geregelt. Sie werden dann in einem Qualitätsmanagement-Handbuch zusammengefasst und allen Mitarbeitern zur Verfügung gestellt.

24
Qualität sichern

Q-Time

Seit dieser Zeit finden neben den Arbeitsgruppen, die für das Qualitätsmanagement aktiv sind, in allen Abteilungen der Klinik Qualitätsbesprechungen statt. Herr Wieslhuber nennt diese Aktionen: **Q-Time**. Der jeweiligen Abteilung ist es freigestellt, an welchem Wochentag und zu welcher Uhrzeit diese Q-Time stattfinden soll. So beschäftigt sich jeder Bereich, jede Abteilung eine bestimmte (wenn auch kurze) Zeit, aber dennoch regelmäßig, mit dem Thema und entwickelt eine Menge neuer Ideen. Alle Mitarbeiter werden so in die Qualitätsdiskussion miteinbezogen, was zur Folge hat, dass sich auch die Sprache innerhalb der Klinik verändert. Der Blick für Qualität wird geschärft, Werte werden diskutiert. Prima!

Auszeichnungen

Qualitätsbemühungen und die damit verbundene Qualitätsverbesserung benötigen auch eine entsprechende Würdigung. In jedem Unternehmen gibt es besonders engagierte und findige Personen und auch Abteilungen, die in diesem Zusammenhang große Entwicklungsschritte machen, die sie zudem oft selbst initiiert haben. Auf dem Weg zur Zertifizierung hat Herr Wieslhuber immer wieder innegehalten, um besondere Leistungen auszuzeichnen. Wir erinnern uns an die Qualitätsehrennadel für den Praktikanten Dieter. Eine Plakatausstellung im Eingangsbereich dokumentiert die Entwicklungen in den einzelnen Abteilungen und wird auch als Anregung oder Aufforderung verstanden.

Zertifizierung

An den Tagen der Zertifizierung stehen Schlüsselpersonen zur Befragung und alle Dokumente griffbereit zur Verfügung. Die Zertifizierungs-Kommission bewegt sich nach einem Plan durch die Klinik, begutachtet und überprüft die Übereinstimmung mit dem Handbuch. Entweder erhält die Klinik einen Verbesserungskatalog oder das Zertifikat. Nun folgen Nachbesserungsarbeiten – oder die große Feier. Gratulation!

„Die Neigung der Menschen,
kleine Dinge für wichtig zu erachten,
hat sehr viel Großes hervorgebracht."
G. C. Lichtenberg (deut. Mathematiker)

Die Motivation der Mitarbeiter zur Beschäftigung mit Qualität wird, laut Herrn Wieslhubers Aussage, gut mit folgendem Zitat unterstützt:

„Nicht die Verbesserung einer Sache um 100 Prozent
bringt den Nutzen,
sondern die Verbesserung von 100 Dingen
um jeweils 1 Prozent."

Spionage ermöglichen

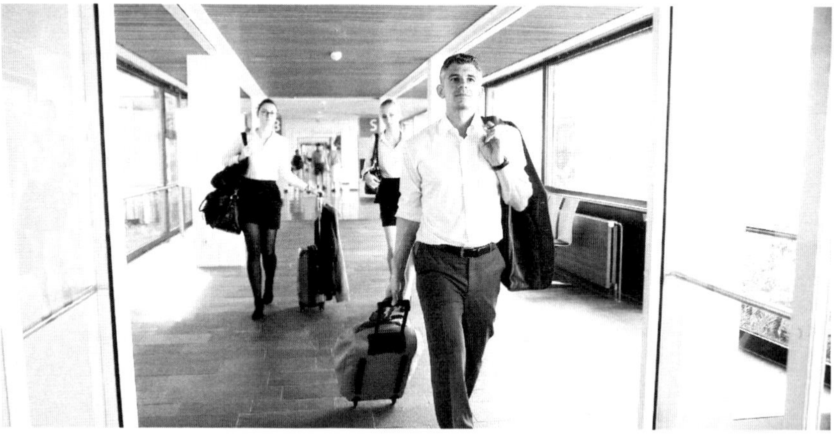

25
Spionage ermöglichen

„Immer bei depressiven Patienten arbeiten – oder zur Abwechslung mal bei ganz normalen Schizophrenen?" war die Frage von Frau Schüssler. Seit Beginn des dritten Quartals ist die Mitarbeiterrotation in vollem Gange. Ausgangspunkt war die Anregung in einer Randnotiz eines Klinikmagazins, in der über die für Unternehmen und Mitarbeiter gleichermaßen gewinnbringende Rotation im Pflegedienst einer psychiatrischen Einrichtung berichtet wurde.

Herr Wieslhuber beschließt noch vor Beendigung des Literaturstudiums, mit der Rotation in seinem Unternehmen in Führung zu gehen. Er erfindet noch am selben Tag die verträgliche, perfekt organisierte, auf Kompetenzerweiterung setzende und natürlich auf die Entwicklung des flexiblen Personaleinsatzes abzielende Gesamtrotation. Selbstverständlich gehen noch einige Wochen ins Land, bis das Konzept spruchreif ist. Große Überzeugungsarbeit ist vor allem in den sehr eigenständig und unabhängig organisierten Abteilungen zu leisten. Hier einigt man sich dann am Ende der leidenschaftlich geführten Diskussionen auf sogenannte Schnupperhospitationen von ein bis zwei Tagen. In den Bereichen der Pflege, der Administration, der Funktionsdienste und des Services wurde eine Hospitationszeit von ein bis vier Wochen vereinbart. In allen Bereichen wurden Verpflichtungen zur Hospitation unterzeichnet, die Termine waren für die Mitarbeiter mit Abstimmung frei wählbar.

Das administrative Controlling übernahm Frau Schwarz und veröffentlichte alle Termine im Intranet. Das war die beste Idee. Die zweitbeste Idee war, die Evaluation quartalsweise vorzunehmen, um zeitnah erste Wirkungen zu erfassen. In dieser Zeit bis zum Jahreswechsel entwickelte sich neben dem Verständnis für die Angelegenheiten und Prioritäten der jeweils anderen Abteilungen vor allem eine neue Identifikation mit dem gesamten Betrieb. Erste Bewerbungen für die hospitierten Abteilungen gingen im Februar ein. Herr Wieslhuber verbuchte dieses Instrument unter persönlichen Erfolgen.

Interne Hospitation

Je länger ein Mitarbeiter in einem Bereich oder in einer Abteilung tätig ist, umso mehr wird er zum Spezialisten in dieser Fachrichtung. Andere Abteilungen entwickeln sich rasant und unaufhaltsam weiter. Kenntnisse über bestimmte Verfahren verbreiten sich nicht in der Geschwindigkeit, in der sie sich ändern. Herr Wieslhuber empfiehlt jedem Mitarbeiter seiner Klinik, zwei Tage pro Kalenderjahr in anderen Abteilungen zu hospitieren: einen Tag in einer benachbarten Abteilung seiner Zuständigkeit, einen Tag in einer weit entfernten Abteilung. So hat ein Mitarbeiter der Patientenverwaltung einen Tag im Personalbüro und einen Tag in der Radiologie verbracht; ein Assistenzarzt der Chirurgie war einen Tag in der Endoskopie und einen weiteren Tag im Medizincontrolling.

Externe Hospitation

Gerade anstehende Veränderungen machen „Spionage" in anderen Kliniken notwendig. Aus Fachzeitschriften oder über persönliche Hinweise verbreiten sich die wegweisenden Innovationen schnell. Um eine Detailbeurteilung vornehmen zu können, ist eine persönliche Inaugenscheinnahme unabdingbar. Herr Wieslhuber schickt regelmäßig Delegationen in andere Häuser. Er stellt oft selbst die Weichen und öffnet mit persönlichen Anrufen die Türen. Individuellen Hospitationswünschen steht er aufgeschlossen gegenüber und unterstützt mehrtägige Reisen mit Fahrtkostenübernahmen etc. Alle Erkenntnisse müssen allerdings in einem „Spionagebericht" zusammengefasst und weitergereicht werden. Oft werden die hier gewonnen Erfahrungen auch zum Gegenstand der schlauen Stunde.

Rotation

Einige Abteilungen in dieser Klinik pflegen nach Initiative von Herrn Wieslhuber die organisierte Rotation. Besonders der Pflegedienst geht hier innovativ voran. Ein Modell sieht vor, Mitarbeiter der Intensivstation und der Intermediate-Care-Station regelmäßig nach einem Rotationsplan zu tauschen; ebenso die Mitarbeiter der Unfallchirurgie und Ambulanz. Bravo!

25
Spionage ermöglichen

Vorteile für das Unternehmen

Durch die interne Hospitation und die damit verbundene Kenntniserweiterung entwickelt sich ein zunehmendes Verständnis für die Belange anderer Abteilungen. Schnittstellen können durch persönliche Beziehungen leichter überwunden werden, und gegenseitige Unterstützung erleichtern Abläufe und helfen, Verzögerungen zu vermeiden. Neben der Kommunikation, die sich wesentlich verständnisvoller und freundlicher gestaltet, entsteht auch ein größeres Empfinden des Einzelnen, an einer gemeinsamen Sache zu arbeiten. Die Synergien, die dadurch entstehen, haben einen nachweisbaren ökonomischen Nutzen.

Nutzen für die Mitarbeiter

Nach anfänglichem Zögern und vielen Widerständen (was nicht anders zu erwarten war) schätzen Mitarbeiter nun vor allem die Abwechslung. Der Hospitationsplan muss selbstverständlich den Anforderungen des Dienstplanes genügen und kann auch mal bei besonders hoher Arbeitsbelastung geändert werden. Viele Mitarbeiter beobachten diesen Hospitationsplan im Intranet aufmerksam und erkundigen sich schon im Voraus über die Möglichkeiten. Obwohl der fachliche Austausch im Vordergrund steht, entdecken viele Hospitanten sogenannte Nebensächlichkeiten-, die oft entscheidende Hilfen für die Gestaltung der Organisation in der eigenen Abteilung sind. Häufig werden nach der Hospitation informelle Wege genutzt, um Erfolge schneller zu ermöglichen.

Nebeneffekt

Bereits ein halbes Jahr nach einer externen Hospitation konnte ein neuer Mitarbeiter aus einer anderen Klinik gewonnen werden. Er wollte sich sowieso verändern, wusste nur noch nicht, in welche Richtung. Herr Wieslhuber musste den Sachverhalt seinem Geschäftsführer-Kollegen bei einem persönlichen Gespräch erklären.

Herr Wieslhuber lebt nach der Devise: „Nichts unversucht lassen!", nimmt deshalb gerne besondere Anregungen auf und entscheidet erst nach einer gewissen Versuchszeit. Die Methoden der „Spionage" werden in jedem Fall beibehalten. Selbstverständlich sind die Kosten hoch, der Nutzen allerdings ist bis jetzt eindeutig höher.

> „Ich bin nie gescheitert,
> ich hatte nur tausend Ideen,
> die nicht funktionierten."
> Benjamin Franklin (amer. Erfinder des Blitzableiters)

Den Skeptikern entgegnet Herr Wieslhuber immer:

> „Manche Menschen bringen ihren Verstand
> überhaupt nicht auf Trab,
> außer wenn sie vorschnelle Schlüsse ziehen."
> Harold Acton (brit. Autor)

26 Schnittstellen überwinden

26
Schnittstellen überwinden

Während des Besuchs einer Ausstellung moderner, gegenstandsloser Malerei im örtlichen Haus der Kunst, zu der sich Herr Wieslhuber nach einem samstagmorgendlichen Glas Prosecco in der Roma-Bar von seiner Frau überreden ließ, überfällt ihn eine seiner Meinung nach – und die ist ja doch für ihn sehr ausschlaggebend – geniale Idee. Eigentlich war es weniger eine Idee als eine Spiegelung einer vom Sommerlicht überblendeten Graphik, die ihm plötzlich so vorkam wie eine Darstellung sämtlicher Schnittstellen in seiner Klinik. Noch während des anschließenden Mittagessens im Thai-Sushi-Special beginnt er mit den ersten Entwürfen auf der Papiertischdecke, die er dann zur größten Verwunderung der Service-Mitarbeiter kurz vor Verlassen des Restaurants bedächtig und versonnen einrollt und mitnimmt.

Seit diesem Tag ziert ein drei mal zwei Meter großes Plakat die gegenüber den Fenstern liegende Wand in seinem Büro. Nahezu täglich ergänzt Herr Wieslhuber mit Farbstiften Positionen, Funktionen, Monde und Satelliten und stellt mit gestrichelten Linien deren Verbindungen und Abhängigkeiten zueinander dar. Gerne erklärte er erstaunten Gästen sowohl die Entstehung als auch die Funktion dieser Schnittstellengraphik. Nach dem Sommerurlaub, so beschließt er, werden viele dieser Schnittstellen reibungsloser gestaltet sein. Für dieses Vorhaben beruft er eine Expertenkommission ein, die noch in dieser Woche erste Aktionen in der Klinik durchführt.

die Führung übernehmen

Die angrenzenden Bereiche erforschen

Die Analyse sämtlicher Schnittstellen ist Voraussetzung für eine maßgebliche Verbesserung. Oft werden punktuell auftretende Probleme in zu engem Blickwinkel gelöst und verursachen an anderen Stellen weitaus umfangreichere und heftigere Schwierigkeiten. Bei vielen Mitarbeitern verursacht dieses zu enge Problemlösungsdenken Unmut und beeinflusst sowohl ihre Motivation als auch ihre Identifikation nachteilig. Die notwendige ausführliche Analyse kann mit externer Hilfe schnell gelingen und überraschende Ergebnisse zu Tage liefern. Eine Visualisierung zeigt die Problemstellen deutlich auf.

Gute Lösungsideen entwickeln

Die Überwindung der Schnittstellen kann nur mit allen Beteiligten gelingen. Kein Mitarbeiter ist bereit, Veränderungen der Arbeitsabläufe zu akzeptieren, wenn ihm der Gesamtzusammenhang unverständlich ist. Sämtliche Lösungsansätze müssen mit allen betroffenen Personen besprochen werden.

Ein Umsetzungsteam bestimmen

Dieses Expertenteam, das aus Mitarbeitern verschiedener Abteilungen zusammengesetzt ist, begleitet die Erprobung über eine bestimmte Zeit. Dieser Probelauf wird evaluiert, die neuen Erkenntnisse werden sofort in den Ablauf integriert.

Regelmäßig Feedback einholen

Auch nicht an der Schnittstelle beteiligte Abteilungen sollten in die Evaluation einbezogen werden. Gerade damit wird dauerhafte Verbesserung erzielt. Welch gravierende Auswirkungen Schnittstellenmanagement auf scheinbar nicht beteiligte Abteilungen hat, zeigen viele Beispiele. Oft werden erst Tage nach der Einführung einer Prozessänderung Auswirkungen in peripheren Bereichen sichtbar.

26 Schnittstellen überwinden

Zum Glück konnten Herrn Wieslhubers erste Notizen zu dieser Thematik sichergestellt und hier abgedruckt werden.

Die Schnittstellenkonferenz

Während des Jahres konnten einige Brennpunkte und Störungen in der Zusammenarbeit verschiedener Abteilungen benannt werden. Um hier dauerhaft Abhilfe zu schaffen, treffen sich Vertreter dieser Abteilungen zu regelmäßigen Schnittstellen-Konferenzen. Küche / Pflege / Service einmal im Monat, Reinigung / Casino / Station sowie Ärzte / Controlling / QM einmal im Quartal usw.

Das Schnittstellendiagramm

Zur Visualisierung der Problemfelder und der Entwicklungsmöglichkeiten hat Frau Schwarz nun Schnittstellendiagramme angefertigt, die auch bei Besprechungen zum besseren Verständnis der Auswirkungen bestimmter Entscheidungen herangezogen werden. Damit wird klar sichtbar, wer von welcher Entscheidung betroffen ist. Einen durchschlagenden Erfolg hatten diese Diagramme, als darum ging Behandlungsprozesse zu verbessern.

Die Entscheidungsbefugnisliste

Organigramme regeln Entscheidungsbefugnisse linear. Bei besonderen, abteilungsübergreifenden Fragen kann eine spezielle Liste, die nur in diesem Fall herangezogen wird, bestehende Unsicherheiten vermeiden helfen und Entscheidungswege definieren.

Die Fallbesprechung

Fehler der Vergangenheit können vermieden werden, wenn in speziellen Fragestellungen abteilungsübergreifende Fallbesprechungen durchgeführt werden. Diese waren immer wieder (z.B. bei der Einführung des Belegungsmanagements) von großem Nutzen.

Auch wenn Herr Wieslhuber beim Überwinden der vielen Schnittstellen nicht immer erfolgreich war, hat er dabei vieles gelernt:

„Man muss verstehen,
die Früchte seiner Niederlagen
zu ernten"
Otto Stoessel (österr. Schriftsteller)

Vor allem Eines wurde Herrn Wieslhuber klar. Es sind die vielen kleinen Dinge, um die sich eine Führungskraft immer wieder bemühen muss:

„Wer sich zu wichtig
für kleinere Arbeiten hält,
ist meist zu klein
für wichtige Arbeiten."
Jacques Tati (franz. Filmschauspieler)

27 Statistiken erstellen

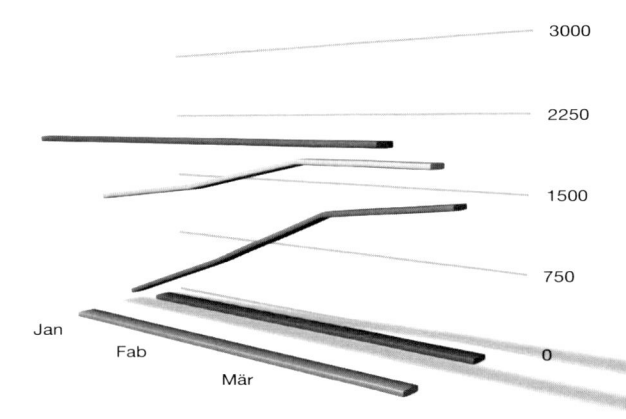

27
Statistiken erstellen

Einmal pro Geschäftsjahr werden für verschiedene Anlässe eine große Anzahl von Zahlen und Daten aufbereitet und in mehr oder weniger übersichtlichen Tabellen und Graphiken der jeweiligen Zielgruppe präsentiert. In diesem Jahr beschließt Herr Wieslhuber, die Aufbereitung selbst in die Hand zu nehmen. Damit er das auch bewerkstelligen kann, setzt er dafür einen frühen Abgabetermin bei allen Datenlieferanten fest und handelt sich sofort den Unmut von Herrn Schneider aus dem Medizin-Controlling und Herrn Küstner vom Qualitätsmanagement ein. Nicht, dass die Zahlen nicht vorhanden wären, sie waren nur bislang immer erst Ende April fällig. Ab dieser Ankündigung waren viele Personen im Unternehmen bei Besprechungen nicht mehr anwesend, Urlaub wurde verkürzt und die Stimmung verschlechterte sich merklich. Es war Herrn Wieslhuber nicht bewusst gewesen, welchen Aufruhr er damit verursachen würde. Die Aufbereitung der Daten war bislang immer Angelegenheit der jeweiligen Abteilung selbst. Jetzt bestand die Gefahr, dass die jahrelang praktizierten Verfahren in Frage gestellt oder individuelle Variationen aufgedeckt wurden. Herr Wieslhuber beschließt, dass es an der Zeit ist, sich näher mit den Regeln der Statistik zu befassen.

Anforderungen festlegen

Die sinnlose und permanente Datensammlung nach dem Motto: „Wer weiß, für was wir das noch brauchen können" erfordert eine Unmenge Aufwand und Zeit. Diese steht jedoch in effizient organisierten Unternehmen nicht zur Verfügung. Deshalb sollten Führungskräfte zunächst Anforderungen definieren, für die eine statistische Beweisführung hilfreich ist, um danach festzulegen, welche Daten nun wann, von wem und wie lange gesammelt werden.

Daten sammeln und bewerten

Um die entsprechenden Zahlen und Daten mit einem ökonomisch vertretbaren Zeitaufwand zu erfassen, werden Formblätter entwickelt und an den entsprechenden Stellen hinterlegt. Die Mitarbeiter werden darüber dringlich informiert. Eine Übernahme der Zahlen aus den Datenbanken des Controllings erleichtert die Angelegenheit um ein Vielfaches. Führungskräfte sind gut beraten, sich die Genehmigung zur internen Verwendung zu sichern.

Die Daten-Aufbereitung

Bei der Datenaufbereitung können handwerkliche Fehler zu einer Vielzahl von Fehlinterpretationen führen. Allein durch die Veränderung der Skalierung kann ein verzerrtes Bild und manchmal sogar widersprüchliche Interpretationen entstehen. „Selbst anwenden, aber nicht darauf hereinfallen", hat sich Herr Wieslhuber bei einer Besprechung sagen hören und Kopfnicken geerntet.

Regelmäßige Berichte

Herr Wieslhuber fordert von allen Abteilungs- und Fachgebietsleitern die Kenntnis über Daten in den jeweiligen Zuständigkeitsbereichen. Er entwickelt für die Leitungen des Pflegedienstes eine Anforderungsliste, die er den **Stationsreport** nennt. Jede Leitung einer pflegerischen Abteilung ist aufgefordert, sich für diese Informationen zu interessieren und sie in regelmäßigen Abständen zu aktualisieren.

27
Statistiken erstellen

Stations-Report

1	Gesamtwirtschaftliche Daten
1.1	Leistungsdaten der Station
1.2	Erlöse pro Fachrichtung
1.3	Erlöse im Vergleich
1.4	CMI, ergänzende Daten
2	Patientenbezogene Daten
2.1	Belegungsentwicklung über einen definierten Zeitraum
2.1	Verweildauer, Fallzahlen
2.3	Personendaten: Alter, Geschlecht, Handicap etc.
2.4	Auswertung Patientenbefragung
3	Mitarbeiterbezogene Daten
3.1	Altersstruktur, Betriebszugehörigkeit
3.2	Qualifikationsmatrix
3.3	Verantwortungsmatrix
3.4	Personalkosten
3.5	Mehrarbeitstabelle
3.6	Ausfallstatistik
4	Logistik-Daten
4.1	Materialverbrauch
4.2	Medikamentenverbrauch
4.3	Transporte
4.4	Sekundäre Dienstleistungen

Verschiedene Darstellungen

Nach Aufforderung liefert Frau Schüssler-Busch für eine bettenführende Station die Berechnungen in konventioneller Aufbereitungen:

Station A		
	Betten	35
	Fälle	2.126
	PFT	8.618
	Belegung	in % 67,46
	Pat/Tag	23,61
	VD	4,05
	Stell ist	12,95
	Stell soll	11,60
	Stell diff	1,35

Station B		
	Betten	32
	Fälle	1.279
	PFT	7.807
	Belegung	in % 66,84
	Pat/Tag	21,39
	VD	6,10
	Stell ist	12,03
	Stell soll	10,40
	Stell diff	1,63

Oft erinnert sich Herr Wieslhuber in diesem Zusammenhang an zwei Sprüche, die sein Lehrmeister oft zitierte:

> „Ich glaube nur der Statistik,
> die ich selbst gefälscht habe!"
> Sir Winston Churchill (engl. Politiker)

und

> „Statistik lügt nicht,
> aber ... Lügner benutzen Statistik!"

28 Teams entwickeln

inführunggehen.com

28
Teams entwickeln

Die Ankündigung für das OP-Team, ein Teamtraining zu organisieren, stieß zunächst eher auf Bedenken. Unter dem Motto „Prima Klima im OP" sollten alle im Team tätigen Personen in einen Klettergarten eingeladen werden und dort verschiedene Übungen absolvieren. Mit der Vorbereitung dieser Maßnahme war die Assistentin der Geschäftsleitung, Frau Wolf, betraut. Bis auf das Wetter hatte sie alles im Griff. Es regnete an diesem Tag in Strömen.

Dennoch trafen alle angemeldeten Personen rechtzeitig am Klettergarten ein. Herr Dr. Schwarzmüller in perfekt sitzendem Kletteroutfit, Herr Dr. Tauber mit Sturzhelm, einige Mitarbeiterinnen des Pflegedienstes ohne regentaugliche Bekleidung. Frau Gülünoglu hatte für alle eine stärkende Mahlzeit vorbereitet. Nach Einführung durch den Klettertrainer absolvierte das gesamte Team die Aufgaben mit großer Freude, manche mit größter Konzentration und einige mit großem Spaß. Knifflige Aufgaben wurden gemeinsam gemeistert, und der Tag fand in der nahegelegenen Wirtschaft bei Suppe, Brot und Bier einen überaus heiteren Ausklang.

Frau Andrea Wolf, die Assistentin der Geschäftsleitung, hat für einen Vortrag folgende Kennzeichen eines herausragenden Teams zusammengestellt: Ein Team ist als Teil einer Organisation einer Zielsetzung und einer Aufgabe verpflichtet. Es hat eine innere Struktur, eine Vernetzung nach außen und besteht aus Personen und deren Beziehungen zueinander. In einem Team bestehen Regeln, Prioritäten, Normen sowie eine spezielle Teamkultur. Aufgaben und Rollen sind verteilt, Leistungen werden erbracht und beurteilt. Ein Team arbeitet nach bestimmten, vereinbarten Abläufen und hat eine materielle Ausstattung sowie spezifische Ressourcen. Mit einem guten Dirigenten kann ein Team wohlklingende Musik produzieren.

Damit TEAM nicht bedeutet: „Toll, Ein Anderer Macht's", sondern: „Totales Engagement Aller Mitarbeiter", empfiehlt Herr Wieslhuber nachfolgend beschriebene Teamentwicklungsmaßnahmen:

Die Erstellung eines Team-Portfolios

Die Position eines jeden Mitarbeiters, einer jeden Mitarbeiterin im Team kann, wie in einer Mannschaftsaufstellung, auf einem Spielfeld bestimmt werden. Die Determinanten sind üblicherweise: Fachkompetenz und Sozialkompetenz. So entsteht ein Teambild mit unterschiedlichen Positionen und Beziehungen der Teammitglieder zueinander. Dieses Portfolio ermöglicht es Führungskräften, sehr deutlich die Entwicklungsmöglichkeiten und die Unterstützungsnotwendigkeiten einzelner Teammitglieder zu erkennen. Auch die tragenden Säulen eines Teams können so eindeutig identifiziert werden. Da die Position der einzelnen Mitarbeiter lediglich mit Nummern und nicht mit Namen dargestellt ist, besteht keine Gefahr eventueller Rückschlüsse. Teamportfolios können auch mit dem Team zusammen erstellt und im Rahmen eines Teamtages gemeinsam bearbeitet werden. Allerdings empfiehlt sich hier der Einsatz eines erfahrenen Coaches oder Teamtrainers.

28
Teams entwickeln

Aktualisierung der Qualifikationsmatrix

Nach der Initialerstellung aktualisieren erfolgreiche Führungskräfte einmal jährlich die **Qualifikationsmatrix** des gesamten Teams. Hier stellt uns Herr Wieslhuber die Matrix des OP-Teams vor. Vertikal werden alle in dieser Abteilung benötigten Qualifikationen aufgeführt. Die Zahlen bedeuten Jahreszahlen, in denen die Qualifikation erworben wurde.

	OP-Pflegedienst Stand 2011	Grundausbildung	Fachausbildung	Fachkunde	Hygiene	Chir.Assist	Endo	Ortho
1	Gisela Huber / Leitung	86	97	-	-	09	-	07
2	Erika Müller	92	-	98	03	09	-	-
3	Frieda Schulz	95	-	-	-	-	-	-
4	Gerhard Müller	99	03	-	-	09	97	07
5	Side Atatürk	03	06	-	-	-	09	-
6	Desire Schwan	07	10	-	-	-	-	-

Dieser kurze Ausschnitt lässt bereits einige Interpretationen zu. Im Bereich Fachkunde und Hygiene ist die Abteilung von der Mitarbeiterin Frau Müller abhängig. Scheidet diese Person unerwartet aus, ist mit einer Ad-Hoc-Qualifizierung zu rechnen, die möglicherweise nicht mit der aktuellen Personalsituation zu lösen ist. Außerdem besteht bei Frau Schulz ein erhebliches Qualifikationsdefizit, das zügig ergänzt werden sollte. Außerdem ist zu sehen, dass im Jahr 2011 keine Person an einer Personalentwicklungsmaßnahme teilgenommen hat. Das kann sich eine so spezialisierte Abteilung nicht oft leisten.

die Führung übernehmen

Analyse der Teamentwicklungsphase

Teams und Arbeitsgruppen entwickeln sich über die Phasen des Kennenlernens, des Normenabgleichs, der Auseinandersetzung bis hin zur Vereinbarung. Jede dieser vier Phasen hat eigene Gesetzte und ist für die Teambildung von größter Bedeutung. Eine Analyse der aktuellen Teamentwicklungsphase hilft, richtige Teamentscheidungen zu treffen und Teams adäquat zu führen. Herr Wieslhuber gleicht gerne die Kennzeichen der einzelnen Phasen mit den Ereignissen innerhalb eines Teams ab und stellt die Diagnose.

Durchführung eines Teamtages

Für Arbeitsteams ist es von größter Bedeutung, in regelmäßigen Abständen, jedoch mindestens einmal pro Kalenderjahr, wenigstens einen Tag Auszeit zu nehmen, um die Gesamtsituation zu reflektieren und einige bedeutsame Entscheidungen nochmals ausführlich zu besprechen. Hier sollen Entscheidungen vorbereitet und getroffen und Ziele für das kommende Jahr vereinbart werden.

Begleitende Teamsupervision

Die strategische Teamsupervison dient nicht zur Bearbeitung und Lösung bereits vorhandener Störungen, sondern vor allem der Prophylaxe. Reflektierte Teams und deren Führungskräfte nutzen diese Möglichkeit.

„Das Beste, was eine Führungskraft für
ein großartiges Team tun kann, ist,
die Teammitglieder ihre eigene Größe
entdecken lassen."
Warren Bennis (amer. Wirtschaftswissenschaftler)

29 Verantwortung übertragen

184   inführunggehen.com

29
Verantwortung übertragen

Ein japanischer Samurai – und genau so fühlt sich Herr Wieslhuber hin und wieder – reitet von einem jahrelangen Feldzug zurück. Müde und erschöpft hofft er auf die baldige Heimkehr. Da sieht er einen Vogel auf dem Weg liegen, lebend, auf dem Rücken, beide Beine himmelwärts gestreckt. Er ruft dem Vogel zu: „Aus dem Weg, hier kommt der Samurei!" Der Vogel antwortet: „Das geht jetzt gerade nicht!" „Warum nicht?" will der Samurai wissen. Der Vogel erklärt: „Ich muss darauf achten, dass uns der Himmel nicht auf den Kopf fällt, und ich werde es verhindern!"

Der Samurai (und mit ihm Herr Wieslhuber) sind sehr beeindruckt von so viel Mut und Verantwortungsbewusstsein.

Solche Mitstreiter wünschen sich beide. Der Samurai macht also einen Bogen um den Vogel und reitet weiter nach Hause. Herr Wieslhuber kann sich jetzt überlegen, wie er die Verantwortung seiner Führungskräfte und Mitarbeiter entwickeln wird. Und er findet Möglichkeiten.

Vertrauen schenken

Da Führungskräfte nicht alles selber machen können, besteht die berechtigte Erwartung, dass ihre Mitarbeiter bestimmte Aufgaben und Verantwortungen übernehmen. Dazu ist in erster Linie Vertrauen in den jeweiligen Mitarbeiter nötig. Ohne dieses Vertrauen wird er unsicher sein und auch öfter rückfragen, was zur Folge hat, dass sich Führungskräfte wieder mit dem Anliegen befassen müssen. Der Schlüssel zur Bereitschaft, Verantwortung zu übernehmen, ist also Vertrauen. Vertrauen als ein Geschenk der Führungskraft an den Mitarbeiter. Intelligente Führungskräfte verschenken zunächst eine angemessene Portion Vertrauen, um voranzugehen und zu sehen, wie der jeweilige Mitarbeiter mit diesem Geschenk umgeht.

Loslassen

Wenn Aufgaben, Zuständigkeiten und Verantwortung übertragen sind, wenn also die Prüfung der Qualifikation des Mitarbeiters, die Einführung in die Aufgabenstellung und die Erklärung der Bedeutung der Verantwortung abgeschlossen sind, dann gilt es loszulassen. Der Mitarbeiter wird eine eigene Art entwickeln, die Dinge zu gestalten. Dies ist entweder zu akzeptieren oder in einem systematischen Mitarbeitergespräch zu klären. Eine Einmischung während der Ausführung oder innerhalb der Erledigungszeit sollten Führungskräfte so weit wie möglich vermeiden. Diese Einmischung käme einer Rücknahme der Verantwortungsübertragung gleich und hätte die Konsequenz einer starken Verunsicherung des Mitarbeiters.

Aufgaben, Zuständigkeiten, Verantwortung

Verantwortung wird sich schrittweise entwickeln, der Mut dazu auch. Wie bei allen großen Aufgabenstellungen braucht es auch hier eine Übungsphase, die sorgfältig und strategisch begleitet werden muss. Nach zunächst übertragenen begrenzten Aufgabenstellungen und deren Ergebnisüberprüfung werden Zuständigkeiten übertragen und über einen Zeitraum beobachtet. Mit der Übertragung von Verantwortung entwickelt sich bei intelligenten und engagierten Mitarbeitern eine entsprechende Kompetenz, die ihr Selbstwertgefühl deutlich steigert. Eine Rücknahme der übertragenen Verantwortung muss mit den damit verbundenen Konsequenzen geprüft werden.

29
Verantwortung übertragen

Klare Schritte

Neben der klaren Auftragsstellung, der Erklärung des Ziels und der gegebenen Rahmenbedingungen kann eine individuelle Begründung, warum diese Verantwortung gerade diesem Mitarbeiter übertragen wird, ein besonderer Erfolgsfaktor sein. Daneben gilt es, Absprachen zu treffen über Zeiträume, Informationspflichten und eine eventuell damit verbundenen Leistungsanerkennung.

Situativ notwendig

Da die Übertragung von Verantwortung in vielen Fällen nicht strategisch erfolgt, sondern aus bestimmten Notwendigkeiten wie Personalmangel oder Umstrukturierungen entsteht, kann die Übertragung von Verantwortung auch eine gute Gelegenheit für Mitarbeiter sein, sich weiter vorzuwagen als bisher. Auch eine Vereinbarung über eine zeitlich begrenzte Übertragung ist denkbar.

Feedback einholen

Strategische Förderprogramme für Mitarbeiter sehen eine schrittweise Zunahme von Zuständigkeit und Verantwortung vor. Die Entscheidung dafür trifft die Führungskraft und trägt damit auch die Verantwortung für Zeitpunkt und Umfang. Um auch eigene Erfahrungen zu reflektieren, ist ein Feedbackgespräch mit dem Mitarbeiter über diese Verantwortungsübertragung zu empfehlen.

Erfolge anerkennen

Übernimmt ein Mitarbeiter nach ordentlich durchgeführter Delegation die Verantwortung für einen Bereich oder einen Prozess, trifft dabei gute Entscheidungen und handelt erfolgreich, so ist dieser Erfolg auch ein Teilerfolg der Führungskraft. Herr Wieslhuber genießt solche Momente still und überlässt den gesamten Applaus dem Mitarbeiter: Hervorragende Arbeit!

Herr Wieslhuber stellt im Kamingespräch am Ende dieses Arbeitstages sehr erleichtert fest:

> „Mein Luxus bemisst sich an den Dingen,
> um die ich mich ab jetzt
> nicht mehr selbst kümmern muss."

Als sie über das Thema Verantwortung sprechen, hört er von einem geschätzten Teilnehmer dieser monatlichen Runde den schönen Satz:

> „Nichts kann den Menschen mehr stärken,
> als das Vertrauen, das man ihm entgegenbringt."

Da muss Her Wieslhuber aus vollem Herzen zustimmen und sofort mit folgendem Zitat fortfahren:

> „Führungskräfte sollte ihre Mitarbeiter
> nicht ständig vor dem Ertrinken retten,
> sondern ihnen beibringen zu schwimmen."
> Aaron Antonovsky (amerr. Soziologe)

30 Veränderungen gestalten

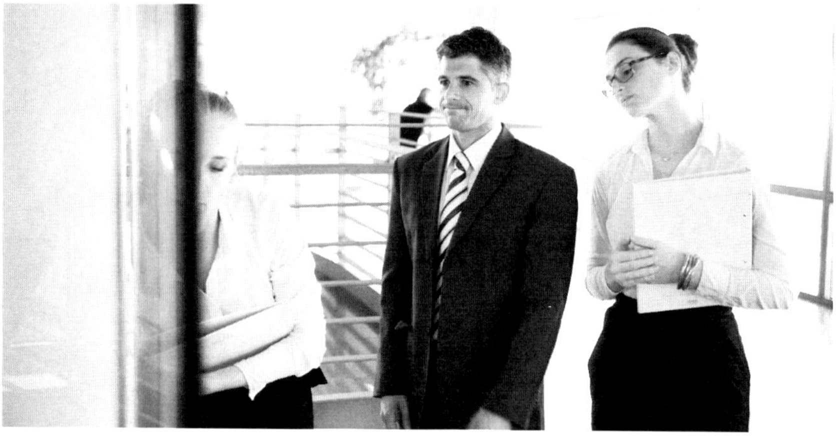

30
Veränderungen gestalten

Samstags geht Herr Wieslhuber gerne in die noch menschenleere Innenstadt und genießt die Ruhe vor der später zunehmenden Geschäftigkeit. Hier empfängt er die Impulse für künftige Entwicklungen in seiner Klinik und spürt die Signale für Innovationen. Ein doppelter Espresso verstärkt die Wirkung. Heute sind es die Firmenschilder an den Büro- und Geschäftshäusern, die ihm ins Auge stechen. Feine Logos, kreative Namen, Flair der Zukunft. Wie nennen sich eigentlich die Abteilungen seiner Klinik? Speisesaal, Wäscherei, Personalverwaltung, Diagnostik ... Wenn diese Namen und Bezeichnungen die Motivation der darin arbeitenden Menschen widerspiegeln ... Er will gar nicht weiterdenken.

In diesem Moment beschließt Herr Wieslhuber, einige wegweisende Änderungen zu initiieren. Im Sinne eines Wettbewerbs regt er die Mitarbeiter des gesamten Unternehmens an, ein neues Corporate Design der Klinik zu kreieren und entsprechende Vorschläge zur Umbenennung von Abteilungen und zur Bezeichnung von Bereichen einzubringen. Damit das Interesse aller Mitarbeiter über den Zeitraum des Wettbewerbs aufrechterhalten bleibt, werden auf einer Intranetseite die eingereichten Vorschläge veröffentlicht. Dies soll außerdem zur Anregung für weitere kreative Ideen sorgen. Die Rechnung geht trotz negativer Ansagen in seinem näheren Umfeld weitgehend auf.

Das System berücksichtigen

Mit jeder Veränderung können Systeme ins Ungleichgewicht geraten. In dieser Schieflage sind Organisationen dann nicht mehr produktiv. Es bedarf eines erhöhten Energieaufwands, um akzeptable Ergebnisse zu erzielen. Erst wenn das Gleichgewicht wieder hergestellt ist, kommt das Unternehmen wieder auf die Erfolgsspur.

Folgende Abbildung zeigt das System mit seinen fünf Stabilisatoren, die dafür sorgen, dass die Organisation funktioniert. Oft beginnt die Veränderung eines Systems bei der Neuausrichtung des Leitbildes ❶, z. B. bei Fusion oder Übernahme, gefolgt von der Neudefinition der Unternehmensziele ❷. Bis die formalen Regeln ❸ angepasst und der Mitteleinsatz ❹ neu geregelt sind, befindet sich die Organisation in der unproduktiven Schieflage (mittleres Bild). Erst wenn sich der trägste Faktor, der Mensch ❺, bewegt hat, beginnt die Organisation wieder produktiv zu funktionieren. Dieser Prozess kann Jahre dauern. Und das wäre Herrn Wieslhuber deutlich zu lange!

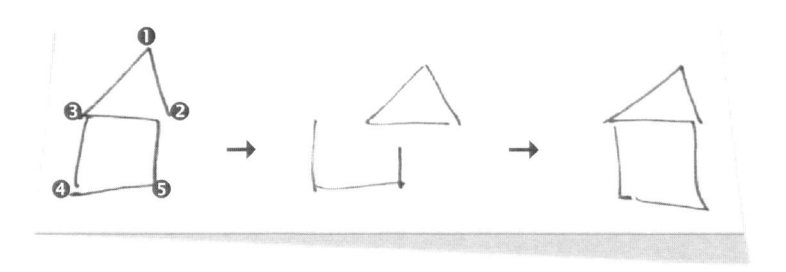

Menschen in den Vordergrund stellen

Viele Verantwortliche für Veränderung neigen dazu, die ökonomischen und organisatorischen Aspekte als wichtigste Stellschrauben für Veränderungen zu bewerten. Damit liegen sie definitiv falsch. Denn die größte Aufmerksamkeit ist auf die beteiligten oder betroffenen Menschen zu richten. Veränderungen machen Angst oder verunsichern. Deshalb müssen die entsprechenden Mitarbeiter frühzeitig und verträglich einbezogen werden.

30
Veränderungen gestalten

Vertrauen schaffen

Nachdem bei möglichst allen Betroffenen ein Problembewusstsein geschaffen ist, wird dringend dazu geraten, die Glaubwürdigkeit des Vorhabens sicherzustellen. Dazu bedarf es sowohl einer gewissen Aufbruchstimmung als auch klarer und verbindlicher Sicherheiten. Mit Zusagen von allen akzeptierten Führungskräften wird Vertrauen erzeugt und Mut entwickelt.

Bestens informieren

Mit offener Informationspolitik kann am besten Klarheit über Ziele hergestellt werden. Die Verteilung relevanter Informationen per Mail reicht dabei sicher nicht. So etwas muss über Gespräche geschehen. Denn Mitarbeiter möchten persönlich informiert sein.

Lernen ermöglichen

In Veränderungsprozessen muss Raum für Lernen eingeplant, Entwicklung von Personen zu Bestandteilen der Zielvereinbarungen gemacht, "Wartungsintervalle" fürs Team einkalkuliert und Qualifikation als Investition betrachtet werden. Jede Veränderung benötigt neues Wissen und Können. Mitarbeiter benötigen deshalb Möglichkeiten und Zeit, sich dieses neue Wissen und Können anzueignen. Viele einzelne Entwicklungsschritte sind in anderen Unternehmen bereits vollzogen und können als Benchmark dienen. Geben Sie den Mitarbeiter die Gelegenheit zur Spionage!

Konsequent handeln

Begonnene Veränderungsprozesse müssen konsequent betrieben werden. Ein Hin und Her, ein Vor und Zurück verunsichert Mitarbeiter und weckt den Widerstand. Jede Veränderung zeigt, welcher Mitarbeiter Pioniergeist besitzt, wo die Mitläufer sind, die träge Masse und die Bremser. Die Störenfriede sollten eingefangen oder, so hart das auch klingt, entfernt werden. Es gibt in Unternehmen immer Spezialaufgaben, mit denen sich diese Personen beschäftigen können.

Herr Wieslhuber stellt fest, dass ihm noch nie am unteren Ende der Leiter schwindelig wurde, jetzt aber, am oberen Ende, dagegen schon manchmal. Was hilft, ist, den Blick in die Ferne zu richten, Visionen zu entwickeln, Strategien zu erarbeiten und das konkrete Tagesgeschäft und die damit verbundene Verantwortung mit entsprechenden Experten zu teilen.

„Für Wunder muss man beten,
für Veränderungen aber hart arbeiten!"
Thomas von Aquin (ital. Philosoph und Theologe)

Nach dem Motto: „Wer nicht ausschert, kann nicht überholen" greift Herr Wieslhuber eine Idee von Bill Gates auf und setzt sie gleich im ersten Jahr seiner Tätigkeit in die Tat um. Er nennt die Aktion **Chefposting** und lässt dazu in der ersten Januarwoche eine Mail-Adresse einrichten, über die jeder Mitarbeiter des Unternehmens in genau dieser Woche eine persönliche Nachricht an ihn senden kann. Die Nachricht soll in fünf Sätzen ein Problem schildern und in weiteren fünf Sätzen eine Lösung vorschlagen. Herr Wieslhuber wird sich mit einem Mini-Beraterteam zwei Tage Zeit nehmen, diese Mails auszuwerten, zu beantworten, gegebenenfalls nachzufragen und mindestens zehn dieser Vorschläge zur Umsetzung anzuordnen. Die gesamte Aktion wird in der Klinikzeitschrift veröffentlicht, um die Ernsthaftigkeit zu unterstreichen und dafür zu sorgen, dass sich im nächsten Jahr die Zusendungen vervielfachen.

„Wer keinen Mut hat,
wird immer eine Philosophie finden,
die das rechtfertigt."
Albert Camus (franz. Schriftsteller und Philosoph)

„Am Ende wird alles gut.
Und wenn es noch nicht gut ist,
dann ist es noch nicht das Ende!"
Oskar Wilde (ir. Schriftsteller)

31 Ziele vereinbaren

infühgrunggehen.com

31
Ziele vereinbaren

In den letzten drei Wochen blieb einiges liegen. Unliebsame Telefonate wurden an die neue Assistentin der Geschäftsleitung, Andrea Wolf, mit einer kurzen Notiz zur gewünschten Gesprächsrichtung delegiert, Briefe der mittleren Priorität zum Entwurf an die erfahrene Sekretärin Frau Schwarz mit den Worten: „Sie haben dafür ein sicheres Händchen" zu deren größtem und erfreutem Erstaunen weitergereicht. Gesprächstermine konnten teils ohne, teil mit glaubhaften Begründungen verschoben oder abgesagt, E-Mails in einen Spezialordner mit der Aufschrift „Sammelaktion" verschoben werden. All diese Maßnahmen dienten nur einem Zweck: Mit sieben ausgewählten Mitarbeiterinnen und Mitarbeitern wollte Herr Wieslhuber persönlich Zielvereinbarungsgespräche führen. Er vereinbarte dazu Individualtermine nach seiner eigenen und der Agenda des jeweiligen Mitarbeiters. Terminverschiebungen akzeptierte er nicht.

Diese Gespräche brachten vielerlei Überraschungen und höchst erstaunliche Entwicklungen, über die zu einem späteren Zeitpunkt ausführlich berichtet werden soll. Bereits nach den ersten beiden Gesprächen wurde Herrn Wieslhuber klar, dass die in den Gesprächen vereinbarten Projekte eine Erfolgsgeschichte für sich darstellen könnten.

Auf Grund dieser Erkenntnisse erfand er das Projekt Jahresbericht und forderte die entsprechenden Mitarbeiter auf, jeweils im Dezember einen Kurzbericht abzufassen mit dem Titel: "Mein diesjähriger Beitrag zum Erfolg meiner Klinik". Dieser Bericht sollte sich an den persönlich vereinbarten Zielen und dem damit verbundenen Engagement der Personen orientieren und als Anregung für andere Mitarbeiter dienen. Über eine öffentliche Präsentation wird Herr Wieslhuber nach Eingang der Berichte entscheiden.

Herausforderungen formulieren

Ziele haben etwas Magisches, wenn es gelingt, sie sehr persönlich, realistisch und kontextbezogen zu formulieren. Sie müssen Anreiz und Herausforderung darstellen. Sowohl für ganze Unternehmen als auch für Abteilungen, Teams und Einzelpersonen helfen klare Ziele zur Entwicklung in die gewünschte Richtung. Jährliche Strategieworkshops helfen, die Zielrichtung festzulegen und die Entscheidungsfindung zu erleichtern. Auch Abteilungsteams, Arbeitsgruppen oder Projektgruppen benötigen für eine effiziente und effektive Leistungserbringung Navigationshilfsmittel. Zielvereinbarung ist die beste Navigation.

Erfolgserlebnisse schaffen

Die Grundannahmen einer intelligenten Führung mit Zielvereinbarung sind: Ziele bestimmen das Verhalten, sie erhöhen die Wirksamkeit, geben Sicherheit und ermöglichen sowohl Eigenständigkeit als auch Erfolgskontrolle. Erreichte Ziele sorgen für Erfolgserlebnisse. Wenn Ziele allerdings zu hoch gesteckt sind und nicht erreichbar sind, werden Mitarbeiter entmutigt. Sorgen Sie dafür, dass Mitarbeiter Erfolge haben können.

Unterstützung anbieten

In manchen Situationen benötigen Mitarbeiter Unterstützung und Hilfestellung, die niemals aufgedrängt, sondern immer nur angeboten werden muss. Bevor Ziele nicht oder nur teilweise erreicht werden, besteht die Möglichkeit einer Beratung und Unterstützung durch die Führungskraft. Ermutigen Sie die Mitarbeiter in solchen Fällen nicht nur das Problem zu schildern, sondern auch Lösungsvorschläge vorzustellen.

Konsequenzen deutlich nennen

Was passiert, wenn vereinbarte Ziele nicht erreicht werden? Gibt es die Möglichkeit, Gründe zu erforschen? Gibt es die Möglichkeit einer Kurskorrektur? Was ist, wenn das Nichterreichen der Ziele Auswirkungen auf das Unternehmen hat? Machen Sie bitte bei der Zielvereinbarung deutlich, mit welchen Konsequenzen zu rechnen ist.

31
Ziele vereinbaren

Konkrete Zeitangaben

Je konkreter die Zeitangabe für das Erreichen der Ziele ist, umso präziser wird der Fahrplan und umso deutlicher werden Erfolge oder Misserfolge sichtbar. Um die Übersicht zu behalten, welche Ziele mit welchen Personen oder Abteilungen vereinbart sind, bedarf es einer ausführlichen Dokumentation.

Schriftliche Fixierung

Sämtliche Zielvereinbarungen werden schriftlich fixiert, von den beteiligten Personen unterzeichnet und an diese ausgehändigt. Einzelne Personen fühlen sich an diese Vereinbarung umso mehr gebunden, wenn sie in der Form eines Dokuments festgehalten und damit aufgewertet wird.

Verschiedene Anlässe

Ziele können mit Einzelpersonen zum Beispiel innerhalb eines Jahresgespräches vereinbart werden, mit Teams zu einem bestimmten Thema oder mit Abteilungen für einen bestimmten Anlass. Sie werden an den Unternehmenszielen orientiert, immer mit Beteiligung der Mitarbeiter definiert und verbindlich vereinbart. Ziele müssen kontrolliert und reflektiert werden. Dieses Instrument unterstützt die Führungskraft bei der Realisierung der eigenen Vorhaben und bei der Einschätzung der Leistungsfähigkeit und Leistungsbereitschaft der Mitarbeiter.

Gerne erinnert sich Herr Wieslhuber an eine sehr bekannte Empfehlung:

„Wer nicht weiß, wohin er will,
der darf sich nicht wundern,
wenn er ganz woanders ankommt"
Mark Twain (amerr. Schriftsteller)

Besser gefällt ihm allerdings:

„Ein erreichtes Ziel ist das Ende eines Weges
und der Anfang eines anderen."
Ernst Ferstl (österr. Schriftsteller)

32 Zeit nehmen

La Gazzetta dello Sport
L'Udinese sfiora il miracolo
L'Arsenal spietato la punisce
NON SCIOPERATE

32
Zeit nehmen

Seit seinem Urlaub, den Herr Wieslhuber in diesem Jahr aufgrund einiger Reiseberichte auf Bali verbrachte, hat sich seine Sicht der Dinge, vor allem der Dinge, die mit Tempo und Eile zu tun haben, wesentlich geändert. Noch im letzten Jahr ging ihm vieles nicht schnell genug, erschienen ihm bestimmte Personen zu umständlich und unbeweglich. Oft war er verärgert und ungeduldig und konnte dies kaum verbergen. Die Gelassenheit und Geduld, die er drei Wochen lang beobachten und gleichzeitig üben konnte, hat er sich in einigen Situationen bewahren können. Ihm nahestehende Personen, allen voran Frau Schwarz, sind verwundert. Noch vor dem Urlaub scherzte er gerne, dass wahrscheinlich einige mitreisende Personen auf Bali zur Meditation gehen, er hingegen einfach an nichts denken würde.

Nun pflegt Herr Wieslhuber die Mittagsmeditation schon seit ein paar Wochen. Es sieht bei ihm nicht unbedingt nach Meditation aus. Er macht, bei jedem Wetter, nach dem Mittagessen einen betont langsamen Spaziergang durch den Klinikpark, besinnt sich, sammelt sich, konzentriert sich auf das Wesentliche, setzt sich auch mal auf eine Parkbank und stellt fest, dass er nun schon fast seit einem Jahr seinen Traumjob ausübt und insgesamt sehr zufrieden sein kann. Als sehr gutes Zeichen empfindet er seine Zerstreutheit am Morgen, die sich darin ausdrückt, dass er seine ihm doch sehr liebgewonnen Armbanduhr zu Hause liegen lässt. Er findet sich auch ohne Zeitmesser zurecht.

Pausen gezielt planen

Im Vergleich der Terminkalender seiner Mitarbeiter stellt Herr Wieslhuber fest, dass alle Termine sorgfältig eingetragen sind, bis auf die Pausen. Bei manchen Kalendern wundert er sich sogar, wie das alles an einem Tag möglich sein soll. Hier herrscht wohl hoffnungslose Selbstüberschätzung. Dagegen gibt es nur ein Mittel: zuerst die Pausen, dann die Termine.

Aufschieberitis ablegen

Alles was längst erledigt sein sollte und noch nicht einmal begonnen wurde, verursacht entweder Kopfschmerzen oder ein schlechtes Gewissen. Je länger die Dinge liegen bleiben, desto mehr werden sie zu einem Problem. Sehr befreiend und erleichternd ist es, mühevolle Arbeiten zügig und ohne Unterbrechung vollständig zu erledigen.

Den inneren Schweinehund überwinden

Die Überwindung des inneren Schweinehundes, der immer wieder eine geeignete Ablenkung entdeckt, schwierige oder scheinbar mühevolle Aufgabe nicht zu beginnen, ist eine lohnende Übung. Jede Führungskraft entwickelt dazu eigene Strategien. Jeder kennt seinen inneren Schweinehund am besten. Herr Wieslhuber kündigt gerne großspurig an, was er jetzt, heute Nachmittag erledigen wird – und dann hält er sich dann auch daran.

Klare Zu- und Absagen treffen

Man muss sich schnell entscheiden und dann klar sagen, ob es möglich ist, den Termin wahrzunehmen oder nicht. Herr Wieslhuber beobachtet immer wieder, dass zuerst aus Gefälligkeit zugesagt wird, um dann doch kurzfristig, mit der Begründung eines nicht vorhergesehenen Ereignisses, abzusagen. Es bleibt ein fader Beigeschmack. Mitarbeiter, Kooperationspartner und Kollegen schätzen es sehr, wenn von Anfang an klar ist, ob ein Termin eingehalten wird. Notfalls suchen alle gemeinsam einen passenden neuen Termin.

32
Zeit nehmen

Mit einem Zeitplansystem arbeiten

Viele Führungskräfte besitzen ein vernetztes Zeitplansystem, können jedoch, wenn Sie zu Fuß unterwegs sind, nicht darauf zugreifen. Manche elektronischen Systeme sind immer noch so langsam, dass die Terminvereinbarung länger dauert als der Termin selbst. Sorgen Sie in Ihrem Verantwortungsbereich für ein funktionierendes System. Das erleichtert allen Beteiligten die Arbeit und die Freude an der Zusammenarbeit. Dieses Zeitplansystem bietet auch den Vorteil, dass jährlich wiederkehrende Termine fixiert, und Kongresse und Tagungen bereits weit im Voraus fest eingetragen werden können.

Highlights einplanen

In seiner Karriere hat Herr Wieslhuber sehr unterschiedliche Highlights erleben dürfen. Manche Führungskraft lässt alle Termine ausfallen, wenn eine Ehrung zur langjährigen Betriebszugehörigkeit stattfindet, andere Personen werden das Zusammentreffen eines bestimmten Kreises jeden Donnerstagmittag niemals versäumen, er selbst plant rechtzeitig und unausweichlich das jährliche Champions-League-Finale im Tennisclub ein – das Highlight des Jahres schlechthin.

Persönliche Gespräche führen

Die großzügig bemessene Zeit für ein persönliches Gespräch mit einem geschätzten Kollegen oder Mitarbeiter erlebt dieser als Geschenk, und auch für die Führungskraft ist es etwas sehr Wertvolles. Die Entschleunigung, die in diesen Gesprächen eintritt, erzeugt ein hervorragendes Wohlbefinden, bringt Wertschätzung zum Ausdruck – und nebenbei werden oft sehr gute Ideen entwickelt, auf die keiner der beiden Gesprächspartner je alleine gekommen wäre.

Manchmal muss sich Herr Wieslhuber disziplinieren. Er erinnert sich an Sätze, die sein früherer Chef gerne zitierte:

„Effizienz ist keine Frage der Zeit.
Nur Dummköpfe machen regelmäßig Überstunden."
Lee Iacocca (amer. Automobilmanager)

„Kein Mensch ist so beschäftigt,
dass er nicht die Zeit hat,
überall zu erzählen, wie beschäftigt er ist."
Robert Lemke (deut. Quizmaster)

„Verschiebe nichts auf morgen,
was genauso gut auf übermorgen
verschoben werden kann."
Mark Twain (amer. Schriftsteller)

„Man sollte nie soviel zu tun haben,
dass man zum Nachdenken
keine Zeit mehr hat."
Georg Christoph Lichtenberg (deut. Schriftsteller)

33 Weitere Informationen zu ausgewählten Wieslhuber–Erfindungen

Wertschätzungsliste

Jede Führungskraft sollte immer wieder solche Wertschätzungslisten erstellen. Die Betonung liegt auf immer wieder! Bei ganz unterschiedlichen Anlässen kann so eine Liste den weiteren Verlauf der Zusammenarbeit sehr positiv beeinflussen. Ein bevorstehendes Treffen kann auf diese Wiese vorbereitet werden. Sie erstellen eine Liste mit den erwarteten Personen und notieren zu jeder Person positive Eigenschaften oder Erinnerungen an positive Begegnungen. Diese Einstimmung auf das Treffen beeinflusst die Ergebnisse. Diese Methode hilft auch vor einem Telefonat, vor einem schwierigen Gespräch, vor einer Konferenz und vor einem Besuch eines anderen Unternehmens.

Dynamische Situationsanalyse

Die Kraft dieser Methode liegt in der Einhaltung der beschriebenen Schrittfolge und in der dadurch erzielten Fokussierung auf wesentliche Faktoren, die eine Arbeitssituation positiv beeinflussen werden. Die Gefahr, sich mit sogenannten Nebenkriegsschauplätzen zu befassen, ist dadurch nahezu ausgeschlossen. Außerdem ist diese Methode sehr zeitsparend. Sie bezieht die betroffenen Personen mit ein und führt schnell zu brauchbaren Ergebnissen. Eine Visualisierung während des Prozesses ist äußerst hilfreich und klärt die Konzentration auf die wesentlichen Dinge schnell und eindeutig.

Mini-Assessment

Für jede zu besetzende Position oder Stelle kann dieses äußerst wirksame Instrument vorbereitet werden. Auch wenn es am Ende nicht zum Einsatz kommt, wird allen Beteiligten die Anforderung an diese neue Stelle deutlich. Auch Bewerber können sich gut auf zukünftige Aufgaben einstellen und dabei selbst feststellen, ob das die Anforderungen sind, die ihnen entsprechen. Nach Ausarbeitung dieser Mini-Assessments ist es durchaus möglich, die Zeit und den Aufwand für die Auswahl geeigneter Personen zu reduzieren. In Unternehmen, die dieses Bewerberauswahlverfahren praktizieren, kommt auch von Bewerbern die Nachfrage dahingehend. Führungskräfte berichten, dass die Entscheidung für einen geeigneten Mitarbeiter damit sehr viel leichter wird.

Einarbeitungs-Überraschung

Neue Mitarbeiter und Mitarbeiter, die innerhalb des Betriebes die Abteilung wechseln, erhalten am ersten Arbeitstag eine Grundausstattung, die mehr als nur die Schlüssel und Hilfsmittel zur Erledigung ihrer Aufgaben darstellen. Sie sollen den Mitarbeiter überraschen und erfreuen zugleich. Geeignet sind z.B. eine Begrüßungskarte, Blumen für den Schreibtisch, Süßigkeiten oder Obst für den kleinen Hunger zwischendurch, der Dienstplan für den nächsten Monat, eine Fahrkarte für den öffentlichen Nahverkehr, Eine Schnupperkarte in den Fitnessclub u. v. a. Hier sind der Fantasie keine Grenzen gesetzt. Aber bitte nicht für alle neuen Mitarbeiter das gleiche Geschenk! Die Bindung und Integration wird mit diesem kleinen Aufwand erheblich erleichtert.

Besprechungs-Datenblatt

Um für die bestmögliche Vorbereitung aller Besprechungsteilnehmer zu sorgen, sollte die Einladung zur Besprechung einige aussagekräftige Daten enthalten. Neben dem garantierten Anfangs- und Endzeitpunkt der Besprechung und den Tagesordnungspunkten sind auf dem Datenblatt bereits Informationen zu finden, die häufig erst während der Besprechung vorgelegt werden: Kennzahlen, Untersuchungsergebnisse sowie verschiedene Vorschlagsvarianten, über die diskutiert und abgestimmt werden muss. Für bestimmte Themenbesprechungen (Baubesprechung, Arzneimittelkonferenz, Jour Fix der Abteilungsleiter, Qualitätszirkel etc.) wird eine Datenblattstruktur erarbeitet, die eine Zusammenstellung bestimmter Zahlen, Daten und Fakten vor jeder Besprechung einfordert. Die Zusendung an die Besprechungsteilnehmer wird dokumentiert.

Überraschungsbesuch

Manche Führungskräfte sorgen mit einfachen Maßnahmen für wirkungsvolle Ergebnisse. Ein Eintrag im Kalender über den voraussichtlich einhundertsten Arbeitstag eines neuen Mitarbeiters ist wirklich keine große Herausforderung. Die fünfzehn Minuten, die es benötigt, um diesen Mitarbeiter an seinem Arbeitsplatz zu besuchen, sicher auch nicht. Die persönlichen Worte und die Informationen sind bereits auf der Erfolgsseite der Führungskraft zu verbuchen, der Ansehensgewinn allemal. Auch den Namen des neuen Mitarbeiters wird die Führungskraft dadurch möglicherweise besser behalten. Und das lieben alle Mitarbeiter.

Meeting-point

Am Ende eines Arbeitstages oder einer Arbeitsschicht treffen sich alle anwesenden Personen an einem markierten Punkt (Meeting-point) an einer zentralen Stelle des Arbeitsbereiches und besprechen sich kurz (maximal zehn Minuten – oft kürzer) im Stehen über die Dinge, die an diesem Tag gut funktioniert haben. Dieses Ritual wird von einem Zeremonienmeister (Schichtleiter oder Auszubildender) überwacht und mehrere Tage (oder Wochen) praktiziert. Die Wirkung, die von diesem Ritual ausgeht, ist beeindruckend und für die gesamte Arbeitsgruppe in mehrfacher Hinsicht positiv. Die Aufmerksamkeit wird auf das gelenkt, was funktioniert hat, und weggelenkt von den unangenehmen Punkten jedes Arbeitstages.

Q-Time

Um die Ideen und Aktionen zur Einführung eines Qualitätsmanagementsystems optimal zu unterstützen, müssen sich alle Mitarbeiter regelmäßig mit dem Thema befassen. Dafür ist eine eindeutige Absichtserklärung der Unternehmensleitung, ein geeignetes Motto und die entsprechende Zeit nötig. Q-Time sorgt dafür, dass in allen Abteilungen regelmäßige Treffen und Auseinandersetzungen zum Thema möglich sind. Durch die individuelle Gestaltungsfreiheit dieser Q-Time in den verschiedenen Abteilungen können auch individuelle Bedürfnisse berücksichtigt werden. Das System ist locker und verbindlich zugleich. Q-Time wird moderiert durchgeführt und die Ergebnisse werden protokolliert und im Intranet veröffentlicht.

Schlaue Stunde

Diese exzellente Maßnahme zum Wissensmanagement und damit auch zur strategischen Personalentwicklung sollte in jedem Unternehmen immer wieder praktiziert werden. Um Wissen einzelner Mitarbeiter für viele nutzbar zu machen, findet in jeder Abteilung in wöchentlichen Intervallen (monatlich ist fast zu selten) die sogenannte „Schlaue Stunde" statt. Hier referieren Mitarbeiter der eigenen Abteilung oder Mitarbeiter aus anderen Bereichen zu bestimmten Themen, die als Bedarf angemeldet werden. Das Programm gestaltet jede einzelne Abteilung selbstständig. Diese Veranstaltung ist nur für Mitarbeiter verbindlich, die sich im Dienst befinden. Oft dauert sie auch nur zwanzig Minuten. Zur Dokumentation wird ein Handout und eine Anwesenheitsliste hinterlegt. Bereits nach einem halben Jahr hat sich der Horizont des Wissens so erweitert, dass es sogar in der Entwicklung der Fachsprache bemerkbar wird.

Chef-Posting

Einmal im Kalenderjahr sollten alle Mitarbeiter eines Unternehmens die Möglichkeit erhalten, ihre Einschätzungen, die entdeckten Probleme und die dazugehörigen Lösungsvorschläge direkt an die Unternehmensleitung durchzureichen. Oft sind es hierarchische Strukturen, die diesen Kommunikationsweg verbauen und gute Anregungen blockieren. Auch ein innerbetriebliches Vorschlagswesen kann diesen direkten Weg nicht ersetzen. Und Abteilungsleiter können diese Methode in ihrem Zuständigkeitsbereich nutzen. Sie wird gut funktionieren, wenn Anregungen aufgenommen und zeitnah umgesetzt werden.

inführunggehen.com

Herr Wieslhuber gibt nicht auf

Für viele interessierte Leser wird nun der Eindruck entstehen, dass Herr Wieslhuber in der kurzen Zeit seines Wirkens viele Dinge initiiert und viele auch vollendet hat. Dennoch bleiben immer noch genügend Aufgaben für den Rest seines Berufslebens, von dem „heute der erste Tag ist", wie er bei passender Gelegenheit mahnend einräumt.

In naher Zukunft wird Herr Wieslhuber noch einige Überraschungen in seiner Klinik verursachen. Neben den großen strategischen Aufgaben nimmt er sich auch immer wieder kleinere Verbesserungen vor und setzt sie schnell um, wie diese beiden Beispiele:

Protokolle erstellen

Das Erstellen von Protokollen scheint immer noch vielen Mitarbeitern schwer zu fallen. Im Zuge des Qualitätsmanagements sind jedoch Niederschriften häufiger nötig. Diese Aufgabe übernehmen oft unerfahrene Mitarbeiter. Das Lesen dieser nicht professionell erstellten Protokolle erfordert häufig unnötig viel Zeit und Mühe. Herr Wieslhuber beschließt, auch hier Abhilfe zu schaffen, und erfindet eine verblüffend einfache Variante: eine vorgefertigte Struktur für Besprechungsprotokolle.

Mängel beseitigen

Seit einiger Zeit stört Herrn Wieslhuber eine Tatsache, mit der er eigentlich gar nichts zu tun hat. Bereits mehrmals stand, als er den Aufzug verlassen wollte, ein Krankenbett im Weg. Der Platz in der Nähe der Aufzüge ist für benutzte und aufbereitete Betten gedacht, damit die angrenzenden Stationen im Bedarfsfall nur kurze Fahrwege haben. Die Bettenzentrale ist für die Abholung und Lieferung zuständig. Meist stehen die Betten kreuz und quer herum. Eine Bodenmarkierung, die Bettenparkplätze festlegt, und, von Herrn Wieslhuber initiiert, noch am selben Tag angebracht wird, beseitigt diesen Mangel dauerhaft.

Die Perspektive

Ich hoffe, die Geschichten, die Grundsätze, die Erfolgsfaktoren und die Hinweise haben Sie angeregt, noch heute damit zu beginnen die eigene Führungsfähigkeit zu verbessern. Führung ist einfach – man benötigt dazu lediglich ein paar Zutaten. Welche die richtigen für Sie sind, müssen Sie selbst herausfinden. Mit unserer Zusammenstellung und Auswahl sind die wesentlichen Instrumente beschrieben, die gute Führung möglich machen. Die Beschäftigung mit diesen Zutaten sollte angehenden Führungskräften auf jeden Fall Spaß machen.

Wenn Sie allerdings der Auffassung sind, dass Führung nur mit außergewöhnlicher Mühe und großem Aufwand möglich ist, nehmen Sie sich bitte einen Coach und bearbeiten die elementaren Bedenken und die für Sie sichtbaren Möglichkeiten, denn „Denken schafft Wirklichkeit", wie Herr Wieslhuber jetzt sagen würde (und wie im Kapitel 30 – Veränderungen gestalten – bereits erwähnt wurde).

Weniger erfolgreiche Führungskräfte warten ab, was sich ergibt und wie sich die Dinge entwickeln. Erfolgreiche Führungskräfte unternehmen etwas, während sie darauf warten, dass sich der Erfolg einstellt. Seien auch Sie kein Unterlasser, sondern ein Unternehmer – so wie Herr Wieslhuber.

> „Man sollte alles so einfach wie möglich sehen,
> aber auch nicht einfacher!"
> Albert Einstein (deut. Physiker)

Hüten Sie sich aber bitte vor Überheblichkeit und der Vorstellung, alles wäre machbar, wenn man ja nur wolle. Gebrauchen Sie bitte vor allen Dingen Ihren gesunden Menschenverstand und Ihren Instinkt und auch hin und wieder diesen Ratgeber oder die empfohlene Literatur.

Ich wünsche Ihnen viel Erfolg.

Herzlichen Dank

„Viele Musiker kennen die Partitur und wissen genau,
wann ihr Einsatz ist. Ein guter Jazzmusiker fühlt,
wann der richtige Zeitpunkt gekommen ist –
und er hat keine Wahl!"
Miles Davis (amer. Jazzmusiker)

Mir war immer klar, dass es eines Tages eine Zusammenfassung meiner bisherigen Seminararbeit geben werde, die jungen und alten Führungskräften Anregung sein soll, ihren Einsatz nicht zu verpassen. Eine Anregung, sich mit Verstand und Herz gleichermaßen für Führung und die Führungsinstrumente zu interessieren, um Führung zu übernehmen.

Dieses Buchprojekt hat die Unterstützung vieler Personen erhalten, denen hiermit herzlich gedankt sei. Zum Ersten die Entscheidungsträger in den Kliniken und Organisationen, die es mir ermöglicht haben, beim Lehren zu lernen und mir in vielen Gesprächen ihre Ansicht und Auffassung von Führung zu erläutern. Zum Zweiten die ca. 10000 Teilnehmer der Seminare, Workshops und Lehrgänge, die mich immer aufs neue herausgefordert und bestärkt, mit vielen interessanten Geschichten und Beispielen meine Arbeit belebt haben und die hoffentlich einige meiner Anregungen in die Tat umgesetzt haben.

Und nicht zuletzt danke ich einigen Schlüsselpersonen, ohne die dieses Buch nie zustande gekommen wäre. Sie waren maßgeblich an der Konkretisierung dieses Projektes beteiligt. Peter Tischer, der mir in vielen Abendgesprächen nicht nur Visionär und Coach war, sondern auch freundschaftlicher Berater. Mein Freund und Geschäftspartner Guido Laschet, mit dem ich seit mehr als zwanzig Jahren bestens zusammenarbeite und der mich in vielen Entscheidungen stets gut beraten hat, sowie Volker Hermanspann, ohne dessen Scharfsinn und Wissen diese Zeilen nur sehr holprig zu lesen wären. Und ich danke meiner Frau Renate, die meine gedankliche Abwesenheit oft mit großer Geduld ertragen hat, mich aber dennoch immer zum rechten Zeitpunkt erinnerte, dieses Projekt endlich zum Abschluss zu bringen.

Herrn Wieslhubers Lieblingsbücher

Malik, Fredmund
Führen. Leisten. Leben
DVA, Stuttgart, 2000

Malik, Fredmund
Management
Campus Verlag, Frankfurt, 2007

Hinterhuber, Hans. H.
Leadership
FAZ-Verlag, Frankfurt, 2003

Hinterhuber, Hans. H.
Die fünf Gebote einer exzellenten Führung
FAZ-Verlag, Frankfurt, 2010

Katzengruber, Werner
Mythos Führungskraft
Wiley –VCH-Verlag, Weinheim 2010

Kotter, John. P.
Das Prinzip Dringlichkeit
Campus Verlag, Frankfurt, 2009

Sprenger, Reinhard
Vertrauen führt
Campus Verlag, Frankfurt, 2005

Wer Menschen führen will,
muss hinter ihnen stehen.